The Alchemy of Convertible Bonds

可转债炼金术

葛成恩 ◎ 著

中国经济出版社
CHINA ECONOMIC PUBLISHING HOUSE
北京

图书在版编目（CIP）数据

可转债炼金术 / 葛成恩著 . -- 北京：中国经济出版社，2024.8. -- ISBN 978-7-5136-7853-7

Ⅰ.F830.91

中国国家版本馆 CIP 数据核字第 2024HY1350 号

策划编辑	燕丽丽
责任编辑	赵嘉敏
责任印制	马小宾
封面设计	久品轩

出版发行	中国经济出版社
印 刷 者	北京富泰印刷有限责任公司
经 销 者	各地新华书店
开　　本	880mm×1230mm　1/32
印　　张	8.375
字　　数	180千字
版　　次	2024年8月第1版
印　　次	2024年8月第1次
定　　价	68.00元

广告经营许可证　京西工商广字第8179号

中国经济出版社　网址　www.economyph.com　社址　北京市东城区安定门外大街58号　邮编　100011
本版图书如存在印装质量问题，请与本社销售中心联系调换（联系电话：010-57512564）

版权所有　盗版必究（举报电话：010-57512600）
国家版权局反盗版举报中心（举报电话：12390）　　服务热线：010-57512564

推荐序一

集思录创始人　周天舒

从2014年到现在，割总[①]来集思录十年了，那些一起战斗的岁月，依然历历在目。

集思录云集了一群秉持低风险投资理念的中国投资者。他们在追求风险可控的情况下，获取超额收益。无论是2015年的分级基金还是2017年之后的可转债投资，都是典型的低风险品种。

在A股市场，可转债被认为是下跌有底、上涨无顶的低风险品种，兼具债性与股性。熊市时，可转债受债性保护，更像债券，同时通过独具中国特色的下修条款，可以随时提高转债的转股价值。当你在熊市持有的股票"跌跌不休"时，可转债通过债性保护和下修转股价条款，早已成功上岸。牛市时，正股上涨，可转债作为可转换为股票的债券，也跟着上涨。

同时，随着管理层对上市公司融资政策的收紧，监管层对可转债发行公司的质地如公司ROE（净资产收益率）、净利润、分红、资产负债率等也有一定的要求，这也在一定程度上保证了发行转债的上市

---

① 割总：作者在集思录的网名。

可转债炼金术

公司相对优质。

在信用债市场已经打破刚兑的情况下,截至2023年底,可转债市场尚未出现违约案例。2024年,已经退市的搜特转债因未能支付利息而正式违约,成为可转债市场首个违约案例。但这一事件并未在市场掀起过多波澜。事实上,可转债从评级下调到正式违约,会经历漫长的过程,低风险投资者完全有能力识别并避开此类垃圾转债。

A股可转债形成大市场是从2017年底,即监管层大力鼓励可转债融资开始。从此以后,市场百花齐放,各类可转债投资大神发明了众多的投资方法,比如双低轮动、博弈下修和回售套利等。割总根据多年交易经验,独创小盘转债五象限投资法,具有其独到性,且获得超额收益,多年收益超越集思录可转债等权指数表现。

本书讲到的小盘转债五象限投资法专注于剩余规模10亿元以下的小盘转债,通过择时、配置和轮动获取超额收益。相比于投资大盘转债主要靠正股上涨的推动实现盈利,小盘转债可能实现"戴维斯三击":正股上涨、转债成妖和下修转股价,也就是小盘转债有更多的可能性。该投资方法依据数据交易,简单易行、风险可控、穿越牛熊,过去5年年化收益率均在10%以上。2024年割总"奔私"[①]之后,根据其独创的小盘转债五象限投资法,发行了首只产品——锡和乾源可转债1号。

光阴荏苒,十年磨一剑,割总一直在低风险投资的康庄大道上飞奔。我衷心祝愿割总的投资事业一帆风顺!

---

① 奔私:成为私募基金管理人。

推荐序二

锡和基金总经理/投资总监　董健楠

初识割总，印象最深刻的是他的热情、坦诚和专业。一旦谈及每日浸润其中的可转债市场，他总能侃侃而谈、如数家珍，恨不得把每只转债的前世今生都说给你听。共事时间久了，感受更深的是他对待投资工作的态度，勤奋且一丝不苟，似乎投资就是他生活的全部。摆在诸位读者面前的这部著作，就是他十余年投资经验和思考成果的浓缩、展示和汇报。

最近这几年，证券投资者的投资体验大多不太好。做大类资产配置，"美林时钟"转得比风扇还快，偶尔还来个反向转动；专做股票投资，动辄被迫参与"3000点保卫战"；投资债券，个人投资者无法直接参与，专业的机构投资者也时不时"踩雷"——你看中的是他的利息，他看中的是你的本金，因此债券的市场风险也不容小觑，连银行理财产品都可能在一天之内跌去全年的收益。

那么，有没有这样一个投资品种：普通投资者可以直接参与；所有条款对投资者都十分友好，把对投资者的呵护融入每一个细节；下有底、上无顶；股市跌的时候它跌得少，大不了"躺平"，股市涨的时候又能够尾行；胜率高、赔率也高？可转债正是能够满足上述所有期许的一个独具魅力的品种。当然，可转债也不是全无缺点。在我看来，它最大的缺点是复杂，面对诸如转股溢价率、转股价值、强赎条款、回售条款等专业术语，普通投资者难免望而却步，较高的技术门槛将很多人挡在了门外。

割总的《可转债炼金术》正是为了解决这一问题而著。本书呈现给读者的无疑是一套沙里淘金的技术，也是一门无法轻易拿捏的艺术，需要我们花大精力去修行。割总从事可转债投资与研究多年，也常年负责低风险投资社区——集思录（可转债研究者必去的网站）的运营工作，目前担任锡和私募基金的基金经理。本书用洗练的文字，建立了一个完整、实用的可转债投资研究框架，对可转债的内涵、特点、内在机理、投资策略和核心范畴作了全方位的探讨、爬梳和反思，视野宽广又极具针对性和深刻性。

最关键的是割总还结合经典案例，首次提出并公开了其独创的小盘转债五象限投资法。其实在公司内部，我们对是否公开这一投资策略思考和讨论了很久，生怕影响该策略后续的有效性，进而影响公司产品的投资运作。但最后评估下来，我们认为这种顾虑是多余的。分享既是美德，也是鞭策，可以激励我们更好地打磨投资策略，为投资者持续创造价值。

本书即将为您徐徐展开一幅充满机遇和挑战的市场画卷。希望各位读者通过阅读本书，能够充分了解和认识可转债市场，在增强风险意识的同时把握市场机会、提高投资收益，实现资产的保值增值。

目 录
CONTENTS

第一章　初识可转债
可转债市场 ... 2
不同行业的可转债 ... 5
可转债基本条款 ... 34
可转债发行流程 ... 38

第二章　可转债申购
原股东优先配售 ... 42
可转债网上申购 ... 43
可转债申购要素 ... 46
可转债上市价格 ... 51
如何抄底新债 ... 54
市场为什么炒作小盘新债 ... 55
机构为什么愿意持有大盘债 ... 58
散户也可以加杠杆 ... 62

第三章　可转债网下申购
可转债网下发行历史 ... 68
可转债网下申购流程 ... 78

网下申购十问十答 ... 80

预估中签金额 ... 82

第四章　可转债股性

转股价值 ... 88

被动调整转股价 ... 90

主动下修转股价 ... 93

可转债下修流程 ... 99

可转债下修历史 ... 101

可转债下修成败 ... 107

第五章　可转债转股

转股套利 ... 112

转股套利的风险 ... 114

第六章　可转债债性

可转债利息 ... 118

可转债评级 ... 119

可转债担保 ... 123

上市公司减资清偿 ... 130

那些年，和上市公司死磕《公司法》第一百七十七条的故事 ... 132

第七章　回售、强赎和到期赎回

可转债回售 ... 142

可转债强赎 ... 146

转债到期赎回 ... 149

CONTENTS 目录

第八章　可转债指数与基金
可转债指数 ... 156
可转债基金 ... 158

第九章　可交换债
什么是可交换债 ... 162
可交换债发行与交易 ... 166

第十章　抢权配债
"一手党"配债 ... 172
抢权配售策略可行吗 ... 174

第十一章　转债切换套利
同行转债切换套利 ... 178
转 1 和转 2 切换套利 ... 180

第十二章　小盘转债五象限投资法
选债标准 ... 184
钻石象限 ... 187
黄金象限 ... 192
白银象限 ... 195
青铜象限 ... 200
生铁象限 ... 204
卖出标准 ... 206

第十三章　常见转债投资策略
双低轮动策略 ... 210

博弈下修策略 ... 214

充满曲折的孚日转债下修，到底是如何完成的 ... 215

回售套利策略 ... 238

第十四章　垃圾转债能投资吗

何谓垃圾转债 ... 242

正邦转债 ... 243

全筑转债 ... 246

搜特转债 ... 248

蓝盾转债 ... 254

退市转债交易 ... 255

第一章
初识可转债

可转债炼金术

可转债市场

根据中国证监会于2021年1月31日正式施行的《可转换公司债券管理办法》，可转债是指公司依法发行、在一定期间内依据约定的条件可以转换成本公司股票的公司债券，属于《证券法》规定的具有股权性质的证券。

可转债全称为可转换公司债券（Convertible Bond，CB），属于股债结合型产品，持有人可按照发行时约定的价格将债券转换成公司的普通股票。可转债首先是一种债券，它像普通债券一样还本付息；同时，在转股期内，持有人可以将债券转换为发行该可转债的上市公司的股票。

A股上市公司发行的第一只可转债是1992年中国宝安（000009.SZ）发行的宝安转债（125009），发行规模5亿元，存续期3年，票面利率3%，其中的转债还没有标准条款。由于在转债存续期内正股中国宝安的股价持续疲软，宝安转债最终以赎回结束交易。从宝安转债退市直到1997年，A股再无可转债发行。1997年3月，国务院证券委员会发布《可转换公司债券管理暂行办法》（已失效），是中国可转债领域首个规范性文件。

2000年2月，机场转债发行上市，成为A股可转债发行的里程碑事件。机场转债的条款设置开始细化，设置了下修、赎回和回售条款，已经具备未来A股可转债的雏形。机场转债存续期5年，每年0.8%的票息较宝安转债大幅下降，强赎条款的设置使得转债促转股条件更容易达成。

2001年，中国证监会发布《上市公司发行可转换公司债券实施办法》（已失效）等文件，A股可转债市场驶入规范发展的快车道。随着当时上市公司增发和配股门槛的提高，越来越多的上市公司将再融资渠道转向可转债市场。可转债市场迎来首次扩容，A股二级市场交易的可转债数量超过30只。2005年因股权分置改革，可转债发行进入短暂的停滞期。

2010年6月2日，中国银行发行400亿元可转债，A股可转债规模大扩容时代来临，到2014年可转债存量规模达到1700亿元。随着牛市的到来，大量可转债实现强赎退市，存量可转债市场萎缩至120亿元左右，这一时期的可转债以金融和重资产行业公司为主。2015年6月，股市大幅下跌，由于此前大量转债强赎退市，整个A股市场仅剩7只转债可供交易。

2017年2月，监管层再度收紧定向增发等再融资渠道。同年9月，可转债申购方式由资金申购改为信用申购，A股可转债市场迎来爆发式增长。到2018年11月，可转债市场超越之前1700亿元的规模；2022年9月3日，中国可转债市场规模已超过7600亿元；继2020年12月31日中国证监会颁布《可转换公司债券管理办法》之后，沪深交易所于2022年7月29日分别发布了可转换公司债券交易实施细则和可转换公司债券自律监管指引，标志着可转债作为A股市场的主流交

可转债炼金术

易品种，步入了规范发展的轨道；截至2022年9月3日，除已挂牌上市的431只转债之外，尚有184家A股上市公司计划发行可转债，拟融资总额高达3085亿元。

二级市场可转债参与人数也大幅增长。单就可转债网上申购户数而言，A股可转债申购户数从2017年11月的445万户增长到2022年9月的1200万户；全市场可转债日均成交额在600亿元以上，2022年6月8日，可转债当日成交额2080亿元，创A股可转债发行以来历史新高。

就可转债的投资者结构而言，根据上海证券交易所统计数据，以2022年8月为例，虽然个人投资者仅持有7.72%的沪市可转债市值，但个人投资者的成交金额占沪市可转债总成交金额的54.6%；根据深圳证券交易所统计数据，个人投资者仅持有18.62%的深圳可转债市值，但个人投资者的成交金额占深圳可转债总成交金额的64.86%。这是由可转债T+0交易属性决定的。相对机构投资者而言，个人投资者在沪深转债市场虽然持有市值较低，但其是市场的成交主力。

就行业而言，发行可转债的上市公司已经从金融和重资产行业扩展到各个行业。截至2022年9月，从剩余规模看，银行转债占全市场比例为38%，仍为转债市场第一大行业，交通运输和非银金融分别占据第二和第三大行业位置。

第一章 初识可转债

不同行业的可转债

2010年5月至2023年12月,共有317只可转债在A股发行后退市。退市的主要原因包括强赎、到期、转债规模低于3000万元和正股退市。这些可转债分布在30多个行业。本书使用集思录的退市转债数据,选择这些可转债的最低收盘价格和最高收盘价格,观察这些可转债的历史表现。可转债主要集中在以下行业:

(1)汽车产业链已退市转债最多,总共23只。除了3只转债是到期退市之外,其余20只转债全部强赎退市,平均存续年限为2.82年。最高收盘平均价为228元,最低收盘平均价为100.5元。汽车产业链转债的平均发行规模为9.48亿元。汽车产业链公司属于重资产行业,这类公司资金饥渴度较高,促转股意愿高,伴随着新能源汽车的崛起,汽车产业链转债表现优异。

(2)医药行业,包含生物医药、中药、医疗器械和药店。这类退市转债总共26只,其中3只转债到期退市,1只转债因为转债规模低于3000万元退市,其余22只转债全部强赎退市,平均存续年限为2.2年。最高收盘平均价为354元,最低收盘平均价为106元。医药行业转债平均发行规模为6.7亿元。可以看出医药行业转债过去几年表现相当亮眼,除了中药涨价导致业绩增长之外,医药股的表现与新冠疫情也有一定的关系。

（3）机械设备行业。过去几年共有20只机械设备类转债退市，而且全部以强赎方式退市，平均存续年限仅1.85年。最高收盘平均价为205元，最低收盘平均价为102元。机械设备类转债的平均发行规模为8.3亿元。

（4）IT行业，包含IT服务、计算机软硬件和游戏行业。此类转债共有24只退市，除了1只到期退市、1只因正股退市导致转债退市外，其余22只转债全部以强赎方式退市，平均存续年限为2.04年。最高收盘平均价为220元，最低收盘平均价为101元。IT类转债的平均发行规模为7.7亿元。IT行业属于轻资产行业，波动率较高。

（5）化工行业，包含主营业务为农药的公司。此类退市转债总共22只，除了1只因转债规模低于3000万元而退市之外，其余21只全部以强赎方式退市，平均存续年限为2.23年。最高收盘平均价为265元，最低收盘平均价为100元。化工类转债的平均发行规模为7.1亿元。化工类公司看似很普通，但其过往的转债表现不错。

（6）光伏设备行业。这类转债共有16只，除了2只因转债规模低于3000万元而退市外，其余14只全部以强赎方式退市。这16只转债平均存续年限仅为1.05年，可以说在短短1年内即实现强赎，过去几年的光伏大牛市造就了光伏设备类转债的辉煌。最高收盘平均价为231元，最低收盘平均价为114元。光伏设备类转债的平均发行规模为18.8亿元。

（7）有色金属行业。这类转债共有14只，全部以强赎方式退市。最高收盘平均价为315元，最低收盘平均价为106元。有色金属类转债的平均发行规模为20亿元。

（8）建筑装饰和建筑材料行业，共有12家公司。随着2021年以恒大为首的地产公司的爆雷，作为地产产业链下游的建筑装饰行业深受其累。12只转债中，全筑转债因破产而重整退市，洪涛转债到期赎回，中装转债因转债规模低于3000万元而退市；其余9只实现强赎退市。最高收盘平均价为218元，最低收盘平均价为94元。作为重组转债，全筑转债最低曾跌至64元。建筑装饰类转债的平均发行规模为10亿元。

（9）电子行业，包含消费电子行业、印制电路板等行业。该行业转债总计19只，全部以强赎方式退市。最高收盘平均价为190元，最低收盘平均价为103元。电子类转债的平均发行规模为13亿元。

（10）纺织服饰行业。这类转债总共5只，除了搜特转债因正股退市而退市之外，其余4只均以强赎方式退市，平均存续年限为2.36年。最高收盘平均价为269元，最低收盘平均价为86元。搜特转债在退入三板前的收盘价为18元。纺织服饰类转债的平均发行规模为4.8亿元。

（11）金融行业，主要包括银行、证券和保险公司。共有15只金融类转债退市，除了光大转债和国君转债到期退市之外，其余13只全部强赎退市，平均存续年限为2.53年。金融类转债多为大盘转债，评级较高，最高收盘平均价为164元，最低收盘平均价为103元。金融类转债的平均发行规模为160亿元。在作为周期性行业的证券行业，东方财富（300059.SZ）曾经在2017—2021年连发3期转债，总计募资277.5亿元，并成功实现强赎。身处以钱为生产资料的行业，东方财富可谓靠转债提高公司实力的高手。

（12）环境治理行业，包括环境治理、水务处理和环保设备。此类转债总共10只，除了1只到期赎回、1只因转债规模低于3000万元而退市外，其余8只均以强赎方式退市，平均存续年限为2.11年。最高收盘平均价为204元，最低收盘平均价为101元。环保行业作为重资产行业，公司对资金需求量大，促转股意愿强烈。环境治理类转债的平均发行规模为8.2亿元。

（13）食品饮料及添加剂行业。此类转债总计8只，除了兄弟转债和金禾转债到期退市以外，其余6只均以强赎方式退市，平均存续年限为2.7年。最高收盘平均价为190元，最低收盘平均价为106元。食品类转债的平均发行规模为7.7亿元。

（14）家电产业链。此类转债总计5只，全部以强赎方式退市，平均存续年限为2.2年。最高收盘平均价为162元，最低收盘平均价为105元。家电产业链转债的平均发行规模为15亿元。

（15）通信设备和通信服务行业。该类转债总共7只，全部以强赎方式退市，平均存续年限为2.28年。最高收盘平均价为272元，最低收盘平均价为97元。此类转债的平均发行规模为12.8亿元。

（16）造纸行业。该类转债总计6只，除了太阳转债和博汇转债到期退市以外，其余4只转债均以强赎方式退市，平均存续年限为2.90年。最高收盘平均价为196元，最低收盘平均价为104元。造纸类转债的平均发行规模为8.2亿元。造纸行业作为典型的周期性行业，其转债表现也具有明显的周期性特征。

（17）交通运输行业，包括物流、机场、航运、海运等。交通运输行业的9只转债全部以强赎方式退市，平均存续年限为2.6年。最高收盘平均价为173元，最低收盘平均价为101元。交通运输行业转债的平均发行规模为26亿元。

（18）国防军工行业。该行业共有5只转债，全部以强赎方式退市，平均存续年限为1.96年。最高收盘平均价为179元，最低收盘平均价为100元。国防军工类转债的平均发行规模为29亿元。

（19）电池行业，包括电池化学品、锂电池和锂电设备。该行业涉及的13只转债全部以强赎方式退市，平均存续年限为1.89年。最高收盘平均价为256元，最低收盘平均价为106元。电池类转债的平均发行规模为7.8亿元。随着新能源汽车的崛起，锂电池行业成为近年表现最佳的行业之一。

（20）家居用品行业。该行业共有5只转债，全部以强赎方式退市，平均存续年限为2.06年。最高收盘平均价为208元，最低收盘平均价为103元。家居类转债的平均发行规模为7.58亿元。

（21）饲料行业，包括生猪养殖。该行业总共有5只转债，其中3只以强赎方式退市，1只因转债规模低于3000万元而退市，1只因正股破产重整而退市，平均存续年限为1.54年。最高收盘平均价为183元，最低收盘平均价为96元。5只转债的平均发行规模为13.9亿元。

（22）电力产业链，包括发电和电力设备等。该类转债总计17只，除了2只转债到期赎回以外，其余15只转债全部以强赎方式退市，平均存续年限为2.4年。最高收盘平均价为212元，最低收盘平均价为102元。电力类转债的平均发行规模为27亿元。

（23）钢铁行业。该类转债总共4只，其中1只到期赎回，其余3只以强赎方式退市，平均存续年限为2.4年。最高收盘平均价为147元，最低收盘平均价为99元。钢铁类转债的平均发行规模为20亿元。

（24）包装行业。该类转债总计3只，全部以强赎方式退市，平均存续年限为2.2年。最高收盘平均价为213元，最低收盘平均价为108元。包装类转债的平均发行规模为9亿元。

（25）石油化工行业。该行业总计4只转债，全部以强赎方式退市，平均存续年限为2年。最高收盘平均价为169元，最低收盘平均价为101元。石油化工类转债的平均发行规模为75亿元。

其余行业转债因涉及公司较少，不再赘述。不同行业转债过往表现见表1-1。

表1-1 不同行业转债过往表现

转债名称	最低收盘价（元）	最高收盘价（元）	正股名称	所处行业	发行规模（亿元）	存续年限（年）	退市原因
亚太转债	84.469	139.1	亚太股份	汽车零部件	10	6	到期
远东转债	103.08	162.1	远东传动	汽车零部件	8.937	4.1	强赎
伯特转债	130.69	295.65	伯特利	汽车零部件	9.02	2.3	强赎
贝斯转债	88.3	169.99	贝斯特	汽车零部件	6	2.7	强赎

续表

转债名称	最低收盘价（元）	最高收盘价（元）	正股名称	所处行业	发行规模（亿元）	存续年限（年）	退市原因
模塑转债	84.201	308	模塑科技	汽车零部件	8.137	6	到期
嵘泰转债	102.423	170.419	嵘泰股份	汽车零部件	6.507	0.7	强赎
卡倍转债	116.223	460	卡倍亿	汽车零部件	2.79	1.2	强赎
升21转债	107.92	150.674	旭升集团	汽车零部件	13.5	0.8	强赎
美力转债	100.3	155.598	美力科技	汽车零部件	3	1.6	强赎
雷迪转债	92.805	186.316	雷迪克	汽车零部件	2.885	2.5	强赎
祥鑫转债	91.33	293	祥鑫科技	汽车零部件	6.47	1.7	强赎
新泉转债	93.79	295.33	新泉股份	汽车零部件	4.5	3.2	强赎
常汽转债	109.55	261.18	常熟汽饰	汽车零部件	9.924	2.4	强赎
中鼎转2	102.047	232.771	中鼎股份	汽车零部件	12	3	强赎
星宇转债	126.87	157.7	星宇股份	汽车零部件	15	0.8	强赎
双环转债	89.1	204.1	双环传动	汽车零部件	10	3.6	强赎
玲珑转债	99.31	142.1	玲珑轮胎	汽车零部件	20	2.5	强赎
中鼎转债	103.05	142.883	中鼎股份	汽车零部件	3	3.5	强赎

可转债炼金术

续表

转债名称	最低收盘价（元）	最高收盘价（元）	正股名称	所处行业	发行规模（亿元）	存续年限（年）	退市原因
汽模转债	110.6	147.8	天汽模	汽车零部件	4.2	1.4	强赎
威帝转债	87.4	186.41	威帝股份	汽车零部件	2	2.1	强赎
旭升转债	100.6	213.14	旭升集团	汽车零部件	4.2	1.3	强赎
小康转债	88.9	638.28	赛力斯	汽车	15	5.6	强赎
广汽转债	98.81	146.84	广汽集团	汽车	41.056	6	到期
特一转债	90.998	309	特一药业	中药	3.54	6	到期
寿仙转债	117.37	268.435	寿仙谷	中药	3.6	3	强赎
盘龙转债	130.2	473	盘龙药业	中药	2.76	1.1	强赎
华森转债	89.411	186	华森制药	中药	3	3.5	强赎
济川转债	101.11	150.57	济川药业	中药	8.432	5	到期
康弘转债	114	146.492	康弘药业	医药	16.3	0.7	强赎
东音转债	87.641	340	罗欣药业	医药	2.813	2.2	强赎
一品转债	117.109	216.21	一品红	医药	4.8	2.5	强赎
现代转债	101.01	145.254	国药现代	医药	16.159	4.2	强赎

续表

转债名称	最低收盘价（元）	最高收盘价（元）	正股名称	所处行业	发行规模（亿元）	存续年限（年）	退市原因
九典转债	112.3	168	九典制药	医药	2.7	1.6	强赎
同和转债	95.105	253.8	同和药业	医药	3.6	1.8	强赎
健20转债	106.6	154.56	健友股份	医药	7.8	1	强赎
同仁转债	111.8	165.17	同仁堂	医药	12.05	2.2	强赎
圣达转债	106.44	208.58	圣达生物	医药	2.991	0.7	强赎
康泰转债	111.49	215.38	康泰生物	医药	3.56	1.2	强赎
富祥转债	103	243.73	富祥药业	医药	4.2	1.5	强赎
英科转债	113.352	3420.4	英科医疗	医疗器械	4.7	1.9	低于3000万元
振德转债	118.05	785.96	振德医疗	医疗器械	4.4	1	强赎
乐普转债	118	158.2	乐普医疗	医疗器械	7.5	0.6	强赎
安图转债	114.16	196.66	安图生物	医疗器械	6.83	0.6	强赎
华通转债	85.01	234.58	浙农股份	药店	2.24	4.7	强赎
九州转债	100.9	143.96	九州通	药店	15	6	到期

可转债炼金术

续表

转债名称	最低收盘价（元）	最高收盘价（元）	正股名称	所处行业	发行规模（亿元）	存续年限（年）	退市原因
益丰转债	111.9	153.71	益丰药房	药店	15.81	0.8	强赎
一心转债	106.15	161.5	一心堂	药店	6.026	1.5	强赎
百姓转债	105.81	146.03	老百姓	药店	3.27	1.1	强赎
参林转债	105.7	167.78	大参林	药店	10	0.8	强赎
百达转债	88.58	148.79	百达精工	机械设备	2.8	3	强赎
君禾转债	91.6	178.049	君禾股份	机械设备	2.1	3	强赎
三超转债	102	223	三超新材	机械设备	1.95	2.1	强赎
中大转债	113.678	293.246	中大力德	机械设备	2.7	0.8	强赎
高澜转债	90.76	264.1	高澜股份	机械设备	2.8	1.7	强赎
新春转债	87.08	244.91	五洲新春	机械设备	3.3	2.3	强赎
岱勒转债	91.909	181	岱勒新材	机械设备	2.1	3	强赎
时达转债	84.15	151.529	新时达	机械设备	8.825	4	强赎
永创转债	100	175.98	永创智能	机械设备	5.122	1.5	强赎
海容转债	136.3	193.02	海容冷链	机械设备	5.001	0.7	强赎

续表

转债名称	最低收盘价（元）	最高收盘价（元）	正股名称	所处行业	发行规模（亿元）	存续年限（年）	退市原因
新莱转债	106.997	239	新莱应材	机械设备	2.8	0.7	强赎
克来转债	118.66	253.95	克来机电	机械设备	1.8	0.7	强赎
徐工转债	85.799	185.01	徐工机械	机械设备	25	1.3	强赎
泰尔转债	97.1	148	泰尔股份	机械设备	3.2	1.8	强赎
巨轮转2	116.261	139.832	巨轮智能	机械设备	3.5	1.9	强赎
利欧转债	79.105	276	利欧股份	机械设备	21.975	2	强赎
三一转债	103.95	178.51	三一重工	机械设备	45	3.2	强赎
冰轮转债	114.1	161.8	冰轮环境	机械设备	5.091	0.7	强赎
巨星转债	125	327	巨星科技	机械设备	9.726	0.7	强赎
杭叉转债	105.72	149.409	杭叉集团	工程机械	11.5	2	强赎
亚康转债	145	351	亚康股份	IT服务	2.61	0.7	强赎
蓝盾转债	25.22	408	蓝盾股份	IT服务	5.38	5	正股退市
汉得转债	86.059	161.056	汉得信息	IT服务	9.372	2.4	强赎
朗新转债	98.9	268.549	朗新科技	IT服务	8	2.4	强赎

可转债炼金术

续表

转债名称	最低收盘价（元）	最高收盘价（元）	正股名称	所处行业	发行规模（亿元）	存续年限（年）	退市原因
太极转债	104.98	216.174	太极股份	IT服务	10	3.5	强赎
博彦转债	101.204	146.301	博彦科技	IT服务	5.758	2.7	强赎
今天转债	98.828	178	今天国际	IT服务	2.8	1.4	强赎
航信转债	99.48	154.72	航天信息	IT服务	24	6	到期
万信转2	94.5	176.1	万达信息	IT服务	12	1.1	强赎
佳都转债	105.09	152.25	佳都科技	IT服务	8.747	1.3	强赎
南威转债	99.99	157.76	南威软件	IT服务	6.6	0.7	强赎
东华转债	123	347.999	东华软件	IT服务	10	1.8	强赎
万信转债	105.348	180.8	万达信息	IT服务	9	0.7	强赎
赛意转债	108.76	235	赛意信息	IT服务	3.2	0.9	强赎
宝信转债	96.86	160.96	宝信软件	IT服务	16	0.6	强赎
万兴转债	109.556	318	万兴科技	计算机软件	3.788	1.9	强赎
拓尔转债	99.601	245.5	拓尔思	计算机软件	8	2	强赎
久其转债	87.99	156	久其软件	计算机软件	7.8	5.5	强赎

第一章　初识可转债

续表

转债名称	最低收盘价（元）	最高收盘价（元）	正股名称	所处行业	发行规模（亿元）	存续年限（年）	退市原因
正元转债	104.11	353.805	正元智慧	计算机设备	1.75	2	强赎
泛微转债	132.01	166.26	泛微网络	计算机软件	3.16	0.7	强赎
启明转债	105.661	159.6	启明星辰	计算机软件	10.45	0.9	强赎
宝通转债	94.995	169.363	宝通科技	游戏	5	1.6	强赎
天地转债	114.1	272	天地数码	计算机设备	1.72	1.6	强赎
曙光转债	104.2	155.04	中科曙光	计算机设备	11.2	1.6	强赎
美联转债	88.7	277.388	美联新材	化工	2.067	2.8	强赎
元力转债	106.3	149.5	元力股份	化工	9	1.3	强赎
蓝晓转债	107.2	476.3	蓝晓科技	化工	3.4	3.4	强赎
嘉澳转债	85	175.805	嘉澳环保	化工	1.85	4.9	强赎
石英转债	110.75	1065.9	石英股份	化工	3.6	2.8	强赎
湖盐转债	92.14	170.75	雪天盐业	化工	7.2	2	强赎
百川转债	93.7	467.2	百川股份	化工	5.2	2.2	强赎
同德转债	108.801	235.8	同德化工	化工	1.443	1.9	强赎

可转债炼金术

续表

转债名称	最低收盘价（元）	最高收盘价（元）	正股名称	所处行业	发行规模（亿元）	存续年限（年）	退市原因
新凤转债	93.83	148.98	新凤鸣	化工	21.53	3.4	强赎
滨化转债	104.37	311.15	滨化股份	化工	24	1.8	强赎
司尔转债	95.203	176.48	司尔特	化工	8	2.4	强赎
金诺转债	93.182	271.68	川金诺	化工	3.68	1.1	强赎
三祥转债	103.56	183.1	三祥新材	化工	2.05	1.5	强赎
凯龙转债	102.987	376.65	凯龙股份	化工	3.289	2.3	强赎
索发转债	104.87	162.54	索通发展	化工	9.45	0.9	强赎
永冠转债	99.49	184.1	永冠新材	化工	5.2	0.8	强赎
博特转债	123.51	183	苏博特	化工	6.968	0.7	强赎
美丰转债	107.8	182.989	四川美丰	化工	6.5	2.9	强赎
利尔转债	98.398	205.009	利尔化学	农药	8.52	4	强赎
辉丰转债	71.859	114.2	辉丰股份	农药	8.45	4.1	低于3000万元
长青转债	105.3	155.196	长青股份	农药	6.318	0.8	强赎

第一章 初识可转债

续表

转债名称	最低收盘价（元）	最高收盘价（元）	正股名称	所处行业	发行规模（亿元）	存续年限（年）	退市原因
长青转2	108.955	169.003	长青股份	农药	9.138	1.1	强赎
上能转债	136.2	235.5	上能电气	光伏设备	4.2	0.9	强赎
上22转债	110.54	196.143	弘元绿能	光伏设备	24.7	0.7	强赎
锦浪转债	115.99	195	锦浪科技	光伏设备	8.97	0.6	强赎
金博转债	105.085	175.41	金博股份	光伏设备	5.999	1.2	强赎
赛伍转债	112.77	161.12	赛伍技术	光伏设备	7	0.8	强赎
天合转债	100.15	180.86	天合光能	光伏设备	52.52	0.7	强赎
福20转债	126.67	209.47	福斯特	光伏设备	17	0.7	强赎
钧达转债	93.01	510.61	钧达股份	光伏设备	3.2	3.1	低于3000万元
隆基转债	92.68	154.19	隆基绿能	光伏设备	28	1.8	强赎
福莱转债	130.17	332.68	福莱特	光伏设备	14.5	0.7	强赎
隆20转债	134.6	231.91	隆基绿能	光伏设备	50	0.7	强赎
中来转债	98.87	142.442	中来股份	光伏设备	10	1.1	强赎

19

可转债炼金术

续表

转债名称	最低收盘价（元）	最高收盘价（元）	正股名称	所处行业	发行规模（亿元）	存续年限（年）	退市原因
通威转债	107.5	162.02	通威股份	光伏设备	50	1	强赎
上机转债	142.88	473.13	弘元绿能	光伏设备	6.65	0.6	强赎
福特转债	119.77	207.28	福斯特	光伏设备	11	0.7	强赎
双良转债	96.53	133.96	双良节能	光伏设备	7.2	1.6	低于3000万元
金力转债	101.95	167.36	金力永磁	有色金属	4.35	1.8	强赎
中矿转债	116	995.5	中矿资源	有色金属	8	3.4	强赎
明泰转债	96.62	464.74	明泰铝业	有色金属	18.391	4.5	强赎
铂科转债	114.005	214	铂科新材	有色金属	4.3	0.7	强赎
盛屯转债	99.31	314.2	盛屯矿业	有色金属	23.865	2	强赎
紫金转债	137.89	210.06	紫金矿业	有色金属	60	0.6	强赎
赣锋转2	115	231.999	赣锋锂业	有色金属	21.08	0.8	强赎
赣锋转债	93.12	334.603	赣锋锂业	有色金属	9.28	3.2	强赎
洛钼转债	104.19	223.07	洛阳钼业	有色金属	49	0.6	强赎

第一章 初识可转债

续表

转债名称	最低收盘价（元）	最高收盘价（元）	正股名称	所处行业	发行规模（亿元）	存续年限（年）	退市原因
博威转债	119.61	159	博威合金	有色金属	12	0.6	强赎
南山转债	89.77	158.17	南山铝业	有色金属	60	2.4	强赎
雅化转债	93.489	337.43	雅化集团	有色金属	8	1.9	强赎
寒锐转债	96	215	寒锐钴业	有色金属	4.4	2.3	强赎
永兴转债	115.83	384	永兴材料	有色金属	7	0.7	强赎
全筑转债	64.235	192.27	*ST全筑	建筑装饰	3.84	3.6	重整
中钢转债	113.202	215.2	中钢国际	建筑装饰	9.6	2.6	强赎
城市转债	106.76	392	新城市	建筑装饰	4.6	1.4	强赎
洪涛转债	82.799	147.015	洪涛股份	建筑装饰	12	6	到期
交科转债	101.5	142.88	浙江交科	建筑装饰	25	2.2	强赎
宁建转债	90.05	242.43	宁波建工	建筑装饰	5.4	1.8	强赎
隧道转债	90.24	154.99	隧道股份	建筑装饰	26	1.2	强赎
中装转债	96.434	189.385	中装建设	建筑装饰	5.25	0.9	低于3000万元

可转债炼金术

续表

转债名称	最低收盘价（元）	最高收盘价（元）	正股名称	所处行业	发行规模（亿元）	存续年限（年）	退市原因
森特转债	90.35	226.76	森特股份	建筑装饰	6	1.4	强赎
雨虹转债	92.999	155	东方雨虹	建筑材料	18.4	2.5	强赎
永高转债	114.2	155.6	公元股份	建筑材料	7	0.7	强赎
再升转债	91.7	401.26	再升科技	建筑材料	1.14	1.8	强赎
精研转债	93.799	172.66	精研科技	消费电子	5.7	1	强赎
科森转债	92.23	228.81	科森科技	消费电子	6.1	2	强赎
拓邦转债	105.263	171.5	拓邦股份	消费电子	5.73	1.7	强赎
歌尔转2	131.939	200	歌尔股份	消费电子	40	0.7	强赎
视源转债	108.5	153.999	视源股份	消费电子	9.418	1.4	强赎
蓝思转债	89.881	205	蓝思科技	消费电子	48	2.2	强赎
和而转债	106.028	155.4	和而泰	消费电子	5.47	0.7	强赎
歌尔转债	116.501	237	歌尔股份	消费电子	25	2.6	强赎
水晶转债	89.013	147.41	水晶光电	电子	11.8	2.2	强赎
隆利转债	100.99	202.3	隆利科技	电子	3.245	1.1	强赎

第一章 初识可转债

续表

转债名称	最低收盘价（元）	最高收盘价（元）	正股名称	所处行业	发行规模（亿元）	存续年限（年）	退市原因
光华转债	95.922	228.304	光华科技	电子	2.493	2.7	强赎
木森转债	112.6	141	木林森	电子	26.6	0.7	强赎
泰晶转债	89.8	382.7	泰晶科技	电子	2.15	2.4	强赎
洲明转债	99.345	164.636	洲明科技	电子	5.48	1.3	强赎
弘信转债	92.6	169.09	弘信电子	印制电路板	5.7	1	强赎
深南转债	126.8	185.381	深南电路	印制电路板	15.2	0.7	强赎
崇达转债	98.46	154.33	崇达技术	印制电路板	8	1.8	强赎
生益转债	98	167.56	生益科技	印制电路板	18	1.7	强赎
景旺转债	106.6	136.03	景旺电子	印制电路板	9.78	0.8	强赎
台华转债	94.49	273.24	台华新材	纺织服饰	5.33	4	强赎
搜特转债	18.002	122.6	*ST搜特	纺织服饰	8	3.4	正股退市
比音转债	110.302	204.78	比音勒芬	纺织服饰	6.89	1.7	强赎
康隆转债	108.31	365.45	康隆达	纺织服饰	2	1.6	强赎
万里转债	99.992	381	万里马	纺织服饰	1.803	1.1	强赎

可转债炼金术

续表

转债名称	最低收盘价（元）	最高收盘价（元）	正股名称	所处行业	发行规模（亿元）	存续年限（年）	退市原因
工行转债	97.92	157.97	工商银行	银行	250	4.5	强赎
民生转债	87.81	146.45	民生银行	银行	200	2.3	强赎
常熟转债	94.81	150.13	常熟银行	银行	30	1.3	强赎
宁行转债	102.884	137.76	宁波银行	银行	100	1.7	强赎
苏银转债	104.6	132.72	江苏银行	银行	200	4.6	强赎
光大转债	100.11	128.54	光大银行	银行	300	6	到期
平银转债	113	129	平安银行	银行	260	0.7	强赎
中行转债	96.14	188.74	中国银行	银行	400	4.8	强赎
东财转3	108.52	171.85	东方财富	券商	158	0.9	强赎
东财转2	125.02	217.2	东方财富	券商	73	0.6	强赎
东财转债	109.801	194.01	东方财富	券商	46.5	1.4	强赎
浙商转债	100.8	163.39	浙商证券	券商	35	1.5	强赎
国金转债	107.5	235.12	国金证券	券商	25	0.6	强赎
国君转债	100.06	133.29	国泰君安	券商	70	6	到期

续表

转债名称	最低收盘价（元）	最高收盘价（元）	正股名称	所处行业	发行规模（亿元）	存续年限（年）	退市原因
平安转债	98.98	184.01	中国平安	保险	260	1.1	强赎
伟明转债	99.33	155.78	伟明环保	环境治理	6.7	1.2	强赎
伟20转债	105.13	173.88	伟明环保	环境治理	12	1.2	强赎
瀚蓝转债	121.96	165.99	瀚蓝环境	环境治理	9.923	1.1	强赎
清水转债	80.5	426	清水源	环境治理	4.9	2.4	强赎
中环转债	102.88	164.01	中环环保	环境治理	2.9	1.5	强赎
环境转债	113.79	138.92	上海环境	环境治理	21.7	1.3	强赎
高能转债	93.03	148.31	高能环境	环境治理	8.4	1.9	强赎
江南转债	99.91	131.98	江南水务	环境治理	7.6	2.9	低于3000万元
国祯转债	99.106	156	节能国祯	水务处理	5.97	6	到期
久吾转债	98.171	377.08	久吾高科	环保设备	2.54	1.6	强赎
兄弟转债	89.802	160.329	兄弟科技	食品及添加剂	7	6	到期
金禾转债	98.3	266	金禾实业	食品及添加剂	6	6	到期

可转债炼金术

续表

转债名称	最低收盘价（元）	最高收盘价（元）	正股名称	所处行业	发行规模（亿元）	存续年限（年）	退市原因
安20转债	138.76	240.4	安井食品	食品及添加剂	9	0.7	强赎
桃李转债	112.02	141.41	桃李面包	食品	10	1	强赎
千禾转债	89.5	230.61	千禾味业	食品及添加剂	3.56	1.9	强赎
绝味转债	115.6	165.1	绝味食品	食品	10	0.7	强赎
安井转债	102.47	153.54	安井食品	食品	5	1	强赎
燕京转债	101.5	168.103	燕京啤酒	食品饮料	11.3	4.6	强赎
三花转债	112.5	163.313	三花智控	家电零部件	30	2.2	强赎
星帅转债	107.299	207	星帅尔	家电零部件	2.8	2.1	强赎
三星转债	100.91	153.74	三星新材	家电零部件	1.916	2.6	强赎
创维转债	92	158.4	创维数字	家电	10.4	3.2	强赎
海尔转债	113	132.02	海尔智家	家电	30.075	1	强赎
特发转2	92.1	160	特发信息	通信设备	5.5	2.7	强赎
亨通转债	94.82	152.785	亨通光电	通信设备	17.33	3.7	强赎
中天转债	100.16	191.96	中天科技	通信设备	39.651	2.8	强赎

第一章　初识可转债

续表

转债名称	最低收盘价（元）	最高收盘价（元）	正股名称	所处行业	发行规模（亿元）	存续年限（年）	退市原因
特发转债	101.59	419.897	特发信息	通信设备	4.194	2.3	强赎
鼎信转债	87.38	140.97	鼎信通讯	通信设备	6	1	强赎
通鼎转债	117.12	619	通鼎互联	通信设备	6	0.8	强赎
润建转债	90.701	225	润建股份	通信工程服务	10.9	2.7	强赎
太阳转债	95.803	267.288	太阳纸业	造纸	12	5	到期
荣晟转债	99.99	193.97	荣晟环保	造纸	3.3	2.9	强赎
仙鹤转债	115.06	212.76	仙鹤股份	造纸	12.5	0.7	强赎
齐峰转债	119.7	208	齐峰新材	造纸	7.6	0.7	强赎
恒丰转债	94.2	181.6	恒丰纸业	造纸	4.5	3.1	强赎
博汇转债	99.46	114.44	博汇纸业	造纸	9.75	5	到期
嘉友转债	92.6	158.53	嘉友国际	交通运输	7.2	2	强赎
国贸转债	101.64	141.08	厦门国贸	交通运输	28	5.8	强赎
顺丰转债	114.56	176.5	顺丰控股	交通运输	58	0.7	强赎
圆通转债	100.23	146.8	圆通速递	交通运输	36.5	1.3	强赎

27

可转债炼金术

续表

转债名称	最低收盘价（元）	最高收盘价（元）	正股名称	所处行业	发行规模（亿元）	存续年限（年）	退市原因
白云转债	117.29	138.39	白云机场	交通运输	35	1.3	强赎
深机转债	91.639	228.9	深圳机场	交通运输	20	3.9	强赎
华夏转债	110	169.38	华夏航空	交通运输	7.9	0.7	强赎
海运转债	99.32	235.55	宁波海运	交通运输	7.2	4.3	强赎
中海转债	88.57	162.84	中远海能	交通运输	39.5	3.5	强赎
海兰转债	89.15	302.69	海兰信	国防军工	7.3	1.7	强赎
航电转债	100.21	155.35	中航机载	国防军工	24	2.7	强赎
机电转债	105.15	150	中航机电	国防军工	21	2	强赎
光电转债	106	144.501	中航光电	国防军工	13	0.9	强赎
重工转债	101.37	144.22	中国重工	国防军工	80.502	2.5	强赎
星源转债	96	157	星源材质	电池化学品	4.8	2	强赎
星源转2	109	266.299	星源材质	电池化学品	10	0.6	强赎
骆驼转债	93.96	152.25	骆驼股份	电池化学品	7.17	4.4	强赎
道氏转债	87.223	221.8	道氏技术	电池化学品	4.8	3.6	强赎

第一章 初识可转债

续表

转债名称	最低收盘价（元）	最高收盘价（元）	正股名称	所处行业	发行规模（亿元）	存续年限（年）	退市原因
璞泰转债	115.01	163.23	璞泰来	电池化学品	8.7	1	强赎
龙蟠转债	106.73	311.47	龙蟠科技	电池化学品	4	0.6	强赎
鹏辉转债	104.5	409.6	鹏辉能源	锂电池	8.9	1.8	强赎
欣旺转债	116.8	163.5	欣旺达	锂电池	11.2	1	强赎
蔚蓝转债	93.375	156.85	蔚蓝锂芯	锂电池	5.1	5.1	强赎
国轩转债	127.802	305	国轩高科	锂电池	18.5	0.7	强赎
银河转债	102.714	511	金银河	锂电设备	1.667	2.1	强赎
华自转债	100.58	331.3	华自科技	锂电设备	6.7	0.7	强赎
先导转债	124	178	先导智能	锂电设备	10	1	强赎
哈尔转债	89.23	161.1	哈尔斯	家居用品	3	3.2	强赎
欧派转债	117.91	250.71	欧派家居	家居用品	14.95	1.9	强赎
百合转债	99.66	279.12	梦百合	家居用品	5.1	2.2	强赎
金牌转债	109.85	156.45	金牌厨柜	家居用品	3.92	1	强赎
顾家转债	97.6	195.49	顾家家居	家居用品	10.973	2	强赎

可转债炼金术

续表

转债名称	最低收盘价（元）	最高收盘价（元）	正股名称	所处行业	发行规模（亿元）	存续年限（年）	退市原因
傲农转债	100.06	181.83	傲农生物	饲料	10	1.5	强赎
海大转债	131.288	211.776	海大集团	饲料	28.3	0.8	强赎
唐人转债	100.934	141.6	唐人神	饲料	12.428	0.7	强赎
天马转债	87.42	208.2	天马科技	饲料	3.05	1.6	低于3000万元
正邦转债	62.604	173.003	*ST正邦	生猪养殖	16	3.1	正股重整
蒙电转债	94.28	179.28	内蒙华电	发电	18.752	3.9	强赎
浙能转债	107.38	167.29	浙能电力	发电	100	0.6	强赎
国电转债	99.45	212.11	国电电力	发电	55	3.5	强赎
川投转债	105.56	159	川投能源	发电	21	3.5	强赎
林洋转债	87.42	165.36	林洋能源	光伏发电	30	3.9	强赎
核能转债	99.9	149.82	中国核电	核电	78	2.9	强赎
九洲转债	102.511	310	九洲集团	电网设备	3.08	2.1	强赎
凯发转债	85.499	215.007	凯发电气	电网设备	3.499	5	到期

续表

转债名称	最低收盘价（元）	最高收盘价（元）	正股名称	所处行业	发行规模（亿元）	存续年限（年）	退市原因
日丰转债	106.217	204	日丰股份	电网设备	3.8	1.9	强赎
长城转债	88.66	295.97	长城科技	电网设备	6.34	2.8	强赎
东缆转债	111.05	259.59	东方电缆	电网设备	8	1.2	强赎
电气转债	98.8	286.71	上海电气	电力设备	60	6	到期
东方转债	106.35	202.52	东方电气	电力设备	40	0.6	强赎
麦米转债	118	160.614	麦格米特	电力设备	6.55	0.6	强赎
日月转债	114.09	155.51	日月股份	风电设备	12	0.7	强赎
运达转债	111.01	309	运达股份	风电设备	5.77	0.8	强赎
明阳转债	110.27	185.64	明阳智能	风电设备	17	1.3	强赎
华菱转2	101.014	170.5	华菱钢铁	钢铁	40	0.7	强赎
久立转2	91.447	150.73	久立特材	钢铁	10.4	3.2	强赎
久立转债	102.621	160	久立特材	钢铁	4.87	0.8	强赎
新钢转债	103.71	108.67	新钢股份	钢铁	27.6	5	到期
奥瑞转债	107.4	178.499	奥瑞金	金属包装	10.868	2	强赎

可转债炼金术

续表

转债名称	最低收盘价（元）	最高收盘价（元）	正股名称	所处行业	发行规模（亿元）	存续年限（年）	退市原因
英联转债	103.787	299.952	英联股份	金属包装	2.14	3.8	强赎
裕同转债	112.1	160.521	裕同科技	包装印刷	14	0.7	强赎
桐20转债	108.03	167.33	桐昆股份	石油石化	23	0.9	强赎
桐昆转债	99.58	180.07	桐昆股份	石油石化	38	2	强赎
齐翔转债	102.85	176.64	齐翔腾达	石油石化	12.4	1.1	强赎
石化转债	95.65	151.74	中国石化	石油石化	230	4	强赎
天铁转债	113.102	517.979	天铁股份	橡胶制品	3.99	3.5	强赎
永东转债	90.958	137.368	永东股份	橡胶制品	3.4	6	到期
至纯转债	121.55	225.07	至纯科技	半导体设备	3.56	1.1	强赎
江丰转债	112.8	212.702	江丰电子	半导体材料	5.165	1.3	强赎
华天转债	106.99	154.001	华天科技	半导体	4.61	1.3	强赎
众信转债	90.18	188.39	众信旅游	旅游	7	5	强赎
天目转债	100.18	143.6	天目湖	旅游景区	3	1.2	强赎
格力转债	101.77	289.36	格力地产	房地产	9.8	5	到期

续表

转债名称	最低收盘价（元）	最高收盘价（元）	正股名称	所处行业	发行规模（亿元）	存续年限（年）	退市原因
冠城转债	114.26	181.05	冠城大通	房地产	18	0.8	强赎
吉视转债	100.18	194.2	吉视传媒	广播电视	17	0.8	强赎
歌华转债	92.73	223.71	歌华有线	广播电视	16	4.4	强赎
蓝标转债	85.39	156.9	蓝色光标	广告营销	14	3.8	强赎
东湖转债	99	173.6	东湖高新	基建工程	15.5	2.6	强赎
苏试转债	112	278	苏试试验	检测服务	3.1	2.5	强赎
海印转债	81.991	134.8	海印股份	商业零售	11.11	6	到期
迪森转债	85.025	178.1	迪森股份	热力服务	6	3.5	强赎
深燃转债	94.31	155.85	深圳燃气	燃气	16	1.4	强赎
晨光转债	119.49	160.3	晨光生物	农产品加工	6.3	0.7	强赎
淮矿转债	105.55	155.69	淮北矿业	煤炭开采	27.574	1.5	强赎
中宠转债	100.936	187.28	中宠股份	宠物食品	1.942	1.4	强赎

资料来源：集思录。

可转债基本条款

要了解可转债,首先应从阅读一只可转债的发行文件开始。本书以2020年1月初发行的希望转债(127015)为例说明一只可转债的基本条款[①]:

(1)发行公司。希望转债的发行公司是A股上市公司新希望(000876.SZ)。

(2)票面金额和发行价格。A股可转债每张面值为100元。

(3)转债代码。转债和股票一样,都有自己的交易代码。希望转债的代码是127015。深交所上市公司发行的可转债代码分别以123、127和128开头。其中123开头的是创业板转债,127开头的是深圳主板转债,128开头的是中小板转债。沪市可转债以110和113开头。

(4)转债名称。新希望发行的可转债名为"希望转债"。有些上市公司会连续发行多期可转债,如果是上市公司发行的第二期转债,深市的多以"××转2"命名,比如天汽模(002510.SZ)发行的第二期转债名称就是"汽模转2"。沪市转债的第二期命名规则并不统一,比如大参林(603233.SH)发行的第一期转债名为"参林转债",而第二期转债则命名为"大参转债";而伟明环保(603568.SH)发行的第一期转债命名为"伟明转债",第二期转债则命名为

---

① 资料来源:巨潮资讯网。

"伟20转债"。

（5）发行规模。希望转债的发行规模为40亿元，每张面值为100元，也就是4000万张。

（6）债券期限。希望转债的期限为发行之日起6年，即自2020年1月3日至2026年1月2日。A股可转债一般期限均为6年，少数转债期限为5年。例如兴森转债（128122）的期限就是5年。债券期限的起算日为转债发行之日，不是转债上市之日。

（7）票面利率。希望转债的票面利率为第一年0.20%、第二年0.40%、第三年0.80%、第四年1.20%、第五年1.60%、第六年2.00%。同时，发行文件会列明"债券到期赎回"条款，希望转债的条款是"在本次发行的可转债期满后5个交易日内，公司将按债券面值的106%（含最后一期利息）的价格赎回未转股的可转债"。可转债基本都会设置到期赎回条款，而到期赎回条款一般都会规定赎回价包含最后一期利息。

（8）付息方式。希望转债采用每年付息一次的付息方式，到期归还本金和最后一年利息，计息起始日为可转债发行首日。可转债持有人获得的利息需要支付所得税，由券商代扣代缴，其中个人按照20%的税率缴税，机构户需自行缴税。

（9）转股价格。希望转债的初始转股价格为19.78元。本次发行的可转换公司债券初始转股价格不低于募集说明书公告日前二十个交易日公司A股股票交易均价和前一个交易日公司A股股票交易均价。可转债在发行时，一般初始转股价格的锚定标准有两个：一是不低于发行前二十个交易日正股的交易均价；二是不低于发行前一个交易日正股的交易均价。转股价就是可转债持有人将可转债转换为公司股票的价格。

（10）转股期限。希望转债的转股期限为本次可转债发行结束之日满6个月后的第一个交易日起至可转债到期日2026年1月2日止。一般情况下，可转债均是在发行结束之日起六个月后开始转股。

（11）信用评级。希望转债的信用评级为AAA。可转债信用评级由高到低分为AAA、AA+、AA、AA-、A+、A、A-共7个评级。评级越高，表明公司还本付息能力越强，也代表公司的可转债利息成本越低。

（12）担保事项。希望转债不提供担保。根据监管规定，公司净资产低于15亿元的，公司发行可转债需要提供担保，创业板公司即使净资产低于15亿元，也可以不提供担保；净资产高于15亿元的，可以自愿提供担保，例如本钢转债由本钢集团提供担保，就属于自愿担保。

（13）回售条款。回售条款分为有条件回售和附加回售两种。以希望转债为例，希望转债的有条件回售条款是"本次发行的可转换公司债券最后两个计息年度，如果公司股票在任何连续三十个交易日的收盘价低于当期转股价格的70%时，可转换公司债券持有人有权将其持有的可转换公司债券全部或部分按债券面值加上当期应计利息的价格回售给公司"。而希望转债的附加回售条款是"若本次发行可转换公司债券募集资金运用的实施情况与公司在募集说明书中的承诺相比出现变化,且该变化被中国证监会认定为改变募集资金用途的,可转换公司债券持有人享有一次以面值加上当期应计利息的价格向公司回售其持有的全部或部分可转换公司债券的权利。在上述情形下,可转换公司债券持有人可以在回售申报期内进行回售,在回售申报期内不实施回售的,不应再行使附加回售权"。回售是可转债投资者的权利,是对可转债投资者的一种保护措施。可转债的回售条款比较复杂,笔者将在第七章进行论述。

(14)赎回条款。赎回条款分为到期赎回条款和有条件赎回条款,与回售条款正好相反。赎回是可转债发行公司的权利。以希望转债为例,希望转债的到期赎回条款是"在本次发行的可转债期满后5个交易日内,公司将按债券面值的106%(含最后一期利息)的价格赎回未转股的可转债";而希望转债的有条件赎回条款是"在本次发行的可转换公司债券转股期内,如果公司A股股票连续三十个交易日中至少有十五个交易日的收盘价不低于当期转股价格的130%(含130%),或本次发行的可转换公司债券未转股余额不足人民币3,000万元时,公司董事会有权按照债券面值加当期应计利息的价格赎回全部或部分未转股的可转换公司债券"。有条件赎回条款又被称为强制赎回条款,简称强赎条款。强赎是发行转债的上市公司的重要权利,笔者将在第七章进行论述。

(15)转股价格向下修正条款。可转债的转股价并非一成不变,在满足特定条件下,发行转债的上市公司可以下调转股价,这也是上市公司的权利而非义务。以希望转债为例,希望转债的转股价下修条款是"在本次发行的可转换公司债券存续期间,当公司股票在任意连续三十个交易日中至少有十五个交易日的收盘价低于当期转股价格的80%时,公司董事会有权提出转股价格向下修正方案并提交公司股东大会表决。上述方案须经出席会议的股东所持表决权的三分之二以上通过方可实施。股东大会进行表决时,持有本次发行的可转换公司债券的股东应当回避。修正后的转股价格应不低于本次股东大会召开日前二十个交易日公司股票交易均价和前一交易日均价之间的较高者。同时,修正后的转股价格不得低于最近一期经审计的每股净资产值和股票面值"。下调转股价对可转债持有人来说是一项重要福利,尤其在熊市,正股"跌跌不休",通过下调转股价,可转债投资者仍能获得不菲的利润,笔者将在第四章专门论述下调转股价条款。

可转债发行流程

可转债发行一般需要经历6个阶段才能正式上市交易,包括董事会预案、股东大会批准、证监会或交易所受理、证监会发审委或交易所上市委通过、证监会核准或交易所同意注册、发布发行公告。

(1)董事会预案阶段。上市公司要发行可转债,首先由公司在指定证券媒体(比如巨潮资讯网)发布发行可转债的预案公告。该预案公告包括拟发行可转债的规模、募集资金用途等信息。

(2)股东大会批准阶段。上市公司董事会发布可转债发行预案之后,董事会随后会将发行可转债的方案提交公司股东大会批准。

第一章 初识可转债

（3）证监会或交易所受理阶段。上市公司股东大会批准发行可转债之后，公司会将可转债发行预案提交证监会或交易所审核。因为深市创业板和沪市科创板已实行注册制，在此阶段，创业板和科创板公司是将发行预案提交深交所或上交所上市委员会，而深交所主板、中小板和上交所主板上市公司是将发行预案提交证监会发审委审核。

（4）证监会发审委或交易所上市委通过。收到上市公司可转债发行申请后，证监会发审委或交易所上市委将审核上市公司的可转债发行方案，并要求公司补充文件等，最终作出审核通过或不予通过的决定。

（5）证监会核准或交易所同意注册。上市公司发行可转债获得证监会或交易所审核通过之后，就等待证监会下发批文，创业板或科创板公司发行可转债经交易所同意注册即可。

（6）发布发行公告。拟发行可转债公司拿到证监会批文或经交易所同意注册后，批文一般在12个月内有效，公司可在此期间与交易所商议发行事宜，择机在交易所发行可转债，在证券媒体上公告发行文件，进入发行流程，向公司原股东配售和由投资者进行申购，发行完成后在交易所上市交易。

集思录网站的"待发转债"栏目[①]提供了详细的拟发行转债数据，感兴趣的读者可以自行阅读。

---

① 栏目链接：https://www.jisilu.cn/data/cbnew/#pre。

第二章
可转债申购

可转债炼金术

原股东优先配售

上市公司发行可转债主要包括面向原股东优先配售和网上申购，部分上市公司发行可转债会面向机构进行网下申购。

发行可转债的上市公司，首先会面向公司全体股东优先配售可转债。从理论角度看，若全体股东参与可转债配售，那么可转债完全不需要向其他投资者发行，而实际上这种假设不存在。发行可转债的上市公司股票，实际上是一种含权股票，理论上在可转债优先配售后会除权。

下文仍然以希望转债为例进行分析。根据希望转债的发行文件，持有新希望（000876.SZ）股票的投资者可以参与希望转债配售，正股投资者参与转债配售是一项权利，而不是义务，所以正股投资者既可以选择参与，也可以选择不参与。

股东参与可转债优先配售日一般与可转债网上申购日为同一天。以希望转债为例，持有新希望股票的投资者可以在2020年1月3日（T日）参与希望转债的优先配售；同时，希望转债的网上申购日也是2020年1月3日，与原股东优先配售日是同一天。

可转债发行文件中会列明配售简称和配售代码。以希望转债为例，希望转债的配售简称为"希望配债"，配售代码为080876，参与希望转债配售的投资者只要在配售日当天交易时段参与配售即可。

具体参与方法为：在股票持仓里找到希望配债后，双击配债代码，选择卖出或买入配债代码即可。这里要注意：不同券商可能会有所不同，有的券商是卖出配债代码，有的券商则是买入配债代码，不用管它，只要在股票持仓下双击配债代码，然后依次操作即可。

如果参与可转债配债，那么首先要求股票账户下有可供缴款的资金。至于持有的股票可以配售多少转债，在可转债配售日无须自己计算，券商系统已经帮你计算完毕，只需按步骤配债即可。在配售日如未配售缴款，则视为自动放弃优先配售权。

投资者只有在股权登记日（T-1日）持有正股，才有资格参与可转债配售；在配售日（T日）可以卖出正股，不影响投资者的可转债配售资格。以希望转债为例，投资者在股权登记日（T-1日，即2020年1月2日）持有新希望股票，即可参与配售希望转债；投资者在转债配售日（2020年1月3日）即使卖出新希望股票，仍具有转债配售资格。

原股东除可参加优先配售外，还可以参加优先配售后剩余部分的网上申购。

可转债网上申购

原股票投资者参与转债配售后的剩余部分，由全体投资者进行申购。可转债申购分为网上申购和网下申购，多数可转债发行仅包含网上申购，仅有少部分转债进行网下申购。

可转债炼金术

先来说可转债的网上申购，仍然以希望转债为例，根据希望转债的发行文件，希望转债的网上申购日为2020年1月3日（T日），申购代码为070876，投资者需要通过券商网上申购希望转债，与买股票一样，在券商交易软件点击"买入"按钮，输入希望转债的申购代码，填入买入数量，然后点击确定即可完成希望转债的网上申购。现在很多券商的交易软件会提供可转债申购菜单，投资者只需双击代码即可申购。

可转债网上申购实行信用申购政策，即投资者在网上申购可转债时，无须提前缴纳申购资金，只需在申购中签后缴纳中签金额。投资者进行可转债网上申购时，每个账户最低申购10张（1000元），最高申购1万张（100万元）。投资者若申购中签，最低为1签（10张）。

如何得知可转债网上申购的时间？投资者可以参考集思录的"待发转债"栏目。该数据表有转债申购时间、申购代码、转债发行规模、转债评级、股权登记日、转债网上申购户数、中签率、转债上市日等数据。

可转债网上申购改为信用申购，是投资者的一项福利。只要有证券账户并且开通可转债权限，即可信用申购新发行的可转债，申购时无须缴款，中签时才需要缴款。根据2022年7月沪深交易所发布的开通可转债权限的投资者适当性要求，投资者开通可转债权限需满足两个条件：一是股票交易经验两年，投资者需要在任何一家券商有两年以上股票交易经验，也就是说，开通可转债权限之前两年至少买卖过

第二章　可转债申购

1次沪深交易所股票；二是过去20个交易日证券交易账户日均资产不低于10万元。满足以上两个条件，即可开通可转债交易权限，投资者才能申购和交易可转债。考虑到2022年7月之前开通可转债交易权限无须以上条件，自2017年可转债信用申购以来，可转债申购户数从445万户增长到2022年9月的1200万户；自可转债权限开始适当性要求以来，可转债申购户数的增速已明显放缓。

自2017年10月27日林洋转债开始信用申购至2022年9月2日博汇转债上市，沪深两市总共615只转债发行上市，平均中签率约为0.065%，单账户顶格申购平均中0.65签（每签缴款为1000元），平均申购股票账户数量为547万户。截至目前，可转债最低申购户数为2018年12月30日申购的溢利转债，发行规模为6.64亿元，总共仅有1.82万户申购，中签率为2.34%，单账户顶格申购中23.48签；最高申购户数为2022年7月21日申购的润禾转债，发行规模为2.92亿元，申购户数为1206万户，中签率为0.0006%，单账户顶格申购中0.0061签。

可转债网上申购户数会受到二级市场走势影响，以2018年至2019年初为例，股市低迷，上证指数从3587点跌至最低2440点，跌幅约32%，同样影响到可转债市场，因此2018年发行的67只转债，平均申购户数仅26万户；而到了2020年，A股大幅反弹，2020年总共发行160只转债，平均顶格申购户数为577万户。

市场行情好时，投资者网上申购可转债基本不用思考，顶格申购即可，因为此时中签很难，基本上中签了就能赚钱。据笔者统计，

2020年共发行可转债204只,投资者单账户申购收益(上市首日开盘卖出)约为3800元;2021年共发行可转债101只,投资者单账户申购收益约为1500元。

对于二级市场投资者而言,可转债申购打新本质上是一种"吃抢食"的生意,大家都来抢的才是好生意。市场行情好时,转债很难破发,基本上中签就等于赚钱;市场低迷时,转债上市首日也可能破发,2018年网上申购转债就频频破发,但是最终都站到面值之上,投资者申购中签后若能坚持,最终也很难亏损退出。

可转债申购要素

可转债网上申购,虽然不担心破发、打新,但在市场低迷之时,若参与网上打新,需要对所申购的转债进行分析,以决定是否参与网上打新,主要考虑因素如下:

第一,转债评级。对于转债申购投资者而言,转债评级越高越好。转债的评级越高,二级市场给予的转股溢价率就越高。对于同等评级的转债,在不同时期,二级市场给予的转股溢价率不同。市场火热时,溢价率高;市场低迷时,溢价率低。

第二,正股质地。即使是相同评级、处于同一行业的可转债,由于正股质地不同,二级市场给予的转股溢价率也不同。比如行业龙头公司的转债,相比行业内其他公司转债,其转股溢价率要高。举例来看,截至2019年8月23日,家具制造行业总共有3家公司发行了可转债，分别是顾家转债、好客转债和百合转债，三家公司顾家家居、好莱客和梦百合的总市值分别为209亿元、47亿元和51亿元。作为三家行业中的龙头企业，顾家转债的溢价率最高（20.12%）。当然，转债绝对价格越高，转股溢价率越低，高价可转债债性降低，接近于正股。

对于正股质地，不仅要考虑行业地位，还要考虑正股公司的发展前景、ROE、营收和净利润增速、股息率、有息负债率、股票质押比例等指标，同时考虑正股估值水平，通常采用PE（市盈率）和PB（市净率）的百分位进行评价。集思录网站提供了简洁的判断正股质地的数据（以顾家家居为例）[①]。

第三，转股价值，即转成股票的价值（正股现价/转股价×100）。转股价值越大，可转债价格越高。当转股价值高于120元时，可转债债性价值降低，接近正股，在可转债未进入转股期时，高价转债甚至转股溢价率为负。以2019年4月24日挂牌上市的未来转债为例，未来转债的转股价为8.67元，当日正股德尔未来的收盘价为11.57元，未来转债的转股价值为133.44元，而当日未来转债的收盘报价仅为122.4元，转股溢价率为-8.27%。同样以2019年4月24日挂牌上市的亚药转债为例，亚药转债的转股价为16.25元，当日正股亚太药业收盘报价17.8元，以此计算亚药转债的转股价值为109.53元，而当日亚药转债收盘价为106.81元，转股溢价率竟然为-2.5%。亚药转

---

① https://www.jisilu.cn/data/stock/603816。

债竟然在110元以下的价格就出现了负溢价,这与市场不看好正股有关,而且正股亚太药业在上市前有一波连续上涨。当然,以上所举两例均是在股市低迷时期,到了2022年,随着转债投资人数量暴涨,投资者很难见到转债上市首日转股溢价率为负值的情况,转债估值明显上涨。

同时,因为可转债有债性价值,即使转股价值大幅低于100元,转债价格也不会与转股价值持平。同样以亚药转债为例,截至2019年8月23日,亚药转债的转股价值仅为58.77元,但亚药转债的二级市场价格是94.786元,转股溢价率高达61.28%,此时亚药转债的债券价值得到体现。按照94.786元的价格,亚药转债的税前收益率为4.39%,假设以余额宝为无风险收益率进行参考,此时余额宝收益率为2.441%,所以当转股价值大幅下降时,可转债的债性价值就启动了。

可转债从申购到上市的时间一般为15~30天,其中上交所可转债上市时间平均为18天,深交所可转债上市时间平均为30天。投资者在网上申购可转债时,转股价值越大,越值得申购,从申购后到上市首日能否卖出赚钱,还要看这段时间内正股的表现。

第四,票面利率。上市公司在发行可转债时会设定利率标准,一般情况下,评级越高,利率越低;评级越低,利率越高。可转债的票面利率越高,在转股价值下跌时,会越快得到债性保护,跌幅受限。一般可转债在发行时规定的存续时间为6年(少数为5年),票面利率为前5年的利率和最后1年的赎回付息。以未来转债为例,根据未来转债的发行公告，未来转债存续期为6年，票面利率：第一年为0.5%，第二年为0.7%，第三年为1.5%，第四年为2.5%，第五年为3.5%，第六年为4.0%。未来转债的到期赎回条款是：本次发行的可转债期满后5个交易日内，公司将以本次可转债票面面值的120%（含最后一期利息）的价格向投资者赎回全部未转股的可转换公司债券。因此，未来转债6年的总计票面利息是28.7（0.5+0.7+1.5+2.5+3.5+20）元。未来转债评级为AA-，在同等评级的转债中，未来转债的票面利息是相当高的。以同为AA-评级的博彦转债为例，该转债在6年存续期内仅付息17.6元。

第五，可转债发行规模。自2022年以来，转债发行规模对转债首日上市价格的影响越来越大，发行规模越小[①]，同等转股价值之下，转债价格越高，甚至小盘转债发展成为小盘妖债，严重脱离转债实际价值。相对而言，大盘转债定价合理。以永吉转债为例，该转债发行规模仅为1.46亿元，2022年5月17日首日挂牌时转股价值仅为80.14元，而永吉转债当日收盘价高达376.16元。小盘转债的"爆炒"，最终迎来了强有力的监管，转债上市首日最高价被限制。

除了以上转债评级、正股质地、转股价值、票面利率、可转债发行规模等5项核心因素之外，投资者在申购可转债时还可以将可转债发行的其他条款作为参考，比如下调转股价条款、回售条款和强赎条款。

---

① 所谓发行规模小的转债是指发行规模在5亿元以下。

可转债炼金术

　　在可转债发行文件中，一般都设置了下调转股价的条款，也就是当正股股价大幅下跌时，上市公司有权通过下调转股价，最终达到可转债转股的目的。若下调转股价条款设置宽松，则转股就相对容易，对可转债投资者算是利好消息。以未来转债为例，在可转债存续期内，当公司股票在任意连续30个交易日中至少有15个交易日的收盘价低于当期转股价格的80%时，公司董事会有权提出转股价格向下修正方案并提交公司股东大会表决。关于可转债价格下调的条款，有的规定正股在任意连续30个交易日中至少有15个交易日的收盘价低于当期转股价的90%，或者正股在任意连续30个交易日中至少有15个交易日的收盘价低于当期转股价的85%。总之，下调难度越小，可转债的看涨期权价值越高，是否下调转股价是上市公司的权利。

　　可转债发行条款还设置了回售条款，即投资者有权在满足某些条件时，将持有的可转债按照发行文件中确定的价格回售给上市公司。回售既是投资者的权利，也是可转债发行公司的义务。以未来转债的回售条款为例，在本次发行的可转换公司债券最后一个计息年度，如果公司股票在任何连续30个交易日的收盘价格低于当期转股价格的70%时，可转换公司债券持有人有权将其持有的可转换公司债券全部或部分按面值（100元）加上当期应计利息的价格回售给公司。一般情况下，可转债发行公司设置的回售条款都是在存续期最后1年才会执行。对于上市公司来讲，回售是迫不得已的选择。除非公司不缺钱，一般情况下上市公司发行可转债的终极目标还是让投资者转股，而不是回售，所以回售设置在最后一年也是为了保护上市公司。有些公司在发行可转债时没有设置回售条款,在股价大跌时,投资者就会缺少一层回售保护,比如智能转债、苏银转债、平银转债、光大转债、张行转债,多数银行转债和券商转债未设置回售条款。

可转债的强赎条款是指当正股股价上涨至某个价格时,上市公司有从投资者手中强制赎回可转债的权利。强赎条款主要是为了促使投资者及早转股而设,以未来转债强赎条款为例,在转股期内,如果公司股票在任何连续30个交易日中至少15个交易日的收盘价格不低于当期转股价格的130%(含130%),公司可执行强赎条款。一般情况下,可转债发行半年后进入转股期,强制赎回价一般是债券面值加当期利息。毫无疑问,强赎对投资者不利,因为此时转债的二级市场价格一般在130元以上,若按照面值加利息被公司强制赎回,投资者亏损严重。上市公司发布强赎公告的目的就是告诉投资者赶紧卖出或者转股。

可转债上市价格

投资者申购可转债中签后,以什么价格卖出才能收益最大化?在2022年7月底沪深交易所出台新规之前,可转债上市首日无涨跌幅限制,所以才出现了像永吉转债这种上市首日涨幅接近300%的情况。而根据沪深交易所新规,沪深转债上市首日最大涨幅为57.3%,最大跌幅为43.3%。可转债上市首日开盘集合竞价的范围为70~130元。

可转债上市首日涨幅超20%的,临时停牌30分钟后复牌。如果临时停牌跨越14:57，当日14:57复牌；可转债上市首日涨幅超30%的，直接停牌到14:57复牌。上交所在转债停牌期间不能申报，若申报则为废单；深交所在临时停牌期间可以正常申报和撤单。

另外，沪深交易所在可转债上市首日会公布当日买入和卖出金额最大的5家证券营业部的名称及其各自的买入、卖出金额，即市场所谓的龙虎榜。以2022年9月7日挂牌的小熊转债和顺博转债为例，深交所在当日盘后公布了这两只转债的龙虎榜数据[①]。以顺博转债（127068）为例，可以看到转债龙虎榜相比股票龙虎榜的一大特点，即转债龙虎榜上买入和卖出的营业部经常是同一家证券营业部。这是由转债的T+0交易特性导致的，也就是说顺博转债上榜的证券营业部客户交易以日内交易为主[②]。

搞清楚了可转债上市首日的交易规则，那么以什么样的方式在首日卖出才能赚得更多？这就需要投资者对申购中签的可转债进行分析。一般而言，影响可转债上市首日价格的因素包括转股价值、发行规模、同行业转债比较、正股质地等。下文以顺博转债（127068）为例进行分析。顺博转债于2022年9月7日在深交所首日挂牌上市，截至2022年9月6日收盘，顺博转债的转股价值为81.25元，发行规模为8.3亿元，评级为AA-。顺博转债的正股为顺博合金（002996.

---

① 深交所转债龙虎榜数据见http://www.szse.cn/disclosure/deal/conv/nd/mb/index.html。

② 上交所转债龙虎榜数据见http://www.sse.com.cn/disclosure/diclosure/public/dailydatakzz/。

第二章 可转债申购

SZ），主营业务是再生铝合金锭的生产销售，产品主要用于生产汽车、摩托车、机械设备等行业中的铝合金铸造件①。

我们以同为AA-评级的豪美转债（127053）为参考，豪美转债发行规模为8.24亿元，与顺博转债基本相同。豪美转债的正股豪美新材（002988.SZ）的主营业务是铝合金型材和系统门窗设计生产。豪美转债2022年9月6日的转股价值为75.81元，比顺博转债81.25元的转股价值低5.44元，而当日豪美转债的收盘价为123.65元。考虑到顺博转债上市首日有大量申购新债的散户卖出，可以预计2022年9月7日上市首日顺博转债的合理价格区间是125～130元，而实际上顺博转债上市首日开盘价为121.101元，收盘价为125.4元，盘中最低价为121.101元，开盘价即当日最低价，盘中最高价为129元。

作为一个中签顺博转债的散户，如果不能合理预测顺博转债上市首日的价格区间，可能会以不合理的低价卖出。比如我们预测顺博转债上市首日的合理价格区间是125～130元，若中签者开盘即以121.101元卖出，即卖在当日最低价，就会遭受损失。同时，因为转债上市首日可能出现不合理的低价，尤其是大盘转债，所以给投资者带来套利机会，后文予以详述。

而对于5亿元规模尤其是2亿元规模以下的小盘转债，经常在上市首日被"炒"至不合理的高价，比如之前谈到的永吉转债。对于投资

---

① 在集思录点击顺博转债代码127068进入该转债详细页（https://www.jisilu.cn/data/convert_bond_detail/127068），然后点击"行业"旁边"有色金属-工业金属-铝"，可以看到与顺博转债属于同一行业的转债。

者而言，高位卖出享受小盘债红利是最合理的选择。

如何抄底新债

市场潮起潮落，根据上节讲到的可转债上市首日价格的预测方法，我们会发现转债上市首日，经常因打新的散户卖出而导致转债出现不合理的低价，此时买入等待价格回归理性，对投资者而言是不错的套利机会。

下文以中银转债（113057）和希望转债（127015）为例进行分析。中银转债的正股是中国银河（601881.SH），中国银河是中国排名靠前的大型券商。中银转债于2022年发行，发行规模为78亿元，评级AAA。中银转债于2022年5月10日挂牌上市，上市当日转股价值为87元。我们参考当时已经在挂牌交易的同等评级和规模的券商转债——国君转债（113013），国君转债的正股是国泰君安（601211.SH），国君转债发行规模为70亿元，评级AAA。国君转债与中银转债类似，同为券商股。作为2017年挂牌上市的转债，国君转债2022年5月10日的转股价值为76元，转债报价为109.9元。而同为券商的中银转债，因为上市首日散户大幅抛售，转股价值高达87元，比君转债高11元，在二级市场最低报价105.22元，明显低估。当日笔者果断在105元左右买入（其实中银转债当日收盘价107.88元，当然这个收盘价依然低估），买入后持有约一个月，最终在120元左右卖出，此时中银转债估值已经与其他券商转债无异。

希望转债的正股是新希望，公司主营生猪养殖及饲料。希望转债于2020年发行，发行规模为40亿元，评级AAA。希望转债于2020年2月4日挂牌上市，挂牌首日的转股价值为86元。而同一时期交易的养殖及饲料转债唐人转债（128092），发行规模为12.4亿元，评级AA。唐人转债2020年2月4日的转股价值为74元，比希望转债低12元，当日唐人转债报价104.6元。唐人转债的转股价值和评级均低于希望转债，希望转债上市首日最低报价107元，明显低估。一是因为希望转债发行规模大，上市首日散户抛盘量大；二是因为希望转债是在新冠疫情股市复牌后的第二个交易日挂牌，市场情绪较低。笔者看到希望转债上市首日估值较低，果断在107元左右买入，希望转债上市首日收盘价115元。笔者持有1个月左右，在160元左右卖出。

以上均是笔者的实战经验，相同之处就是买入的都是大盘转债。这类转债上市首日因为网上申购的散户不假思索地卖出，经常会砸至不合理的低价。如果我们参考同行同评级同规模转债的二级市场交易价格，可以很容易得出这类转债是否低估的结论；若发现有明显低估情况，可果断买入，等待市场估值恢复后卖出。

市场为什么炒作小盘新债

根据中国证监会发布的《可转换公司债券管理办法》，可转债属于《中华人民共和国证券法》（以下简称《证券法》）规定的具有股权性质的证券。既然可转债属于具有股权性质的证券，就要受到《证券法》第四十四条的规制：上市公司、股票在国务院批准的其他全国性证券交易场所交易的公司持有百分之五以上股份的股东、董事、监事、高级管理人员，将其持有的该公司的股票或者其他具有股权性质的证券在买入后六个月内卖出，或者在卖出后六个月内又买入，由此所得收益归该公司所有，公司董事会应当收回其所得收益。但是，证券公司因购入包销售后剩余股票而持有百分之五以上股份，以及有国务院证券监督管理机构规定的其他情形的除外。

通俗来讲，就是6个月的限售期，即对于持股5%以上的大股东、公司董事、监事和高级管理人员，通过可转债配售持有的转债，在可转债上市后6个月内是不能在二级市场抛售的。同时，在证监会明确将可转债定性为具有股权性质的证券后，沪深交易所在2021年2月发布了《关于可转换公司债券适用短线交易相关规定的通知》，进一步明确了通过申购配售、交易可转债的持股5%以上的大股东、公司董事、监事和高级管理人员，均受到6个月限售期的管制。因为此类占比较高，主体配售的可转债上市后6个月内不能减持套现，导致刚上市的小盘转债流通规模大为缩减。这就是市场热衷炒作刚刚上市的小盘转债的主要原因，因为这类小盘转债刚上市时流通盘小，炒作成本低。

以2022年5月17日挂牌上市的永吉转债（113646）为例，永吉转债总发行规模为1.46亿元，原股东配售率为65.68%。根据永吉转债的上市公告书，永吉转债的正股永吉股份（603058.SH）的控股股东贵州永吉控股有限责任公司总共配售60.57万张永吉转债，占永吉转债总发行规模的41.52%，总计6061万元。该部分转债上市后6个

第二章 可转债申购

月内不能流通,即永吉转债上市后前6个月的实际流通规模仅为8539万元,是典型的小盘债,给二级市场炒作提供了良好的温床,永吉转债在上市首日被炒至最高421元。

通过查阅集思录的可转债详细页,可以看到截至2022年6月30日,永吉转债的前10大持有人,与刚上市时相比已经发生了变化,除了控股股东贵州永吉控股有限责任公司持有的60.57万张受制于6个月锁定期无法抛售外,其余上市时的前10大股东已经在上市后全部抛售完毕,包括永吉转债的承销商万和证券股份有限公司因包销获得的约0.96万张,也在永吉转债上市后迅速抛售,这部分转债并没有限售期。

值得注意的是,对于持股5%以上的大股东、上市公司董事、监事和高级管理人员6个月的锁定期,其起始计算日期应该为可转债上市首日,而不是可转债申购日。以西子转债(127052)为例,正股西子节能(002534.SZ)于2022年9月22日发布题为《关于高级管理人员买卖公司可转债构成短线交易的公告》,声称该公司高级管理人员万勇先和沈佳(均为公司副总经理)于2022年6月29日分别卖出其所持有的西子转债,上述交易行为构成短线交易,交易产生的收益被公司收归所有。

根据公告,公司高管万勇先和沈佳是因为理解错误才导致短线交易违规。公司及相关可转债持有人在实施可转债减持交易前对《关于可转换公司债券适用短线交易相关规定的通知》及其他相关法律法规、规范性文件进行了认真解读,理解为:西子转债发行首日、申购日、原股东优先配售缴款日、存续期起始日、计息起始日均为2021年12月24日,可转债持有人自2021年12月24日已经取得可转债相关权利。万勇先、沈佳通过原股东优先配售方式买入公司可转债,可转债买入时点为可转债申购日(2021年12月24日)。自2021年12月24日起推算6个月,即2021年12月24日至2022年6月23日为短线交易禁止期间,因此2022年6月24日(含当日)后卖出可转债不构成前述法规中所称短线交易。

基于上述判断,万勇先、沈佳于2022年6月29日通过集中竞价交易卖出西子转债。显然,这两位高管理解错误,申购配售的可转债6个月锁定期的起始日应该为可转债的上市首日。就西子转债而言,起始日应该是2022年1月24日。按照此日期计算,到了2022年7月24日后,这两位参与了西子转债发行配售的高管才能卖出申购的西子转债。

机构为什么愿意持有大盘债

以浦发转债(110059)为例,浦发转债的正股为浦发银行(600000.SH)。浦发转债发行规模为500亿元,无回售条款,转股价下修不得低于每股净资产。浦发转债于2019年10月28日发行,初始转股价为15.05元,即浦发银行最近一期经审计的每股净资产。发行时浦发转债的转股价值仅为84元,从2019年11月18日挂牌至2023年11月17日,浦发转债的转股价值最高为83.72元,最低为48.97元。在此期间浦发银行的市净率从0.84倍跌至0.281倍,而浦发银行的波动率仅为15%左右，浦发转债的年化波动率为1.67%。

从浦发转债的诸多数据来看，该转债可以说是盘子大、波动率低，既无法回售也不能下修，转股溢价率长期维持高位，所以基本上就是一个纯债，看涨期权价值极低。那么市场上主要是哪些投资者在交易和持有浦发转债呢？从浦发转债公布的截至2023年6月30日的十大持有人来看，除了浦发银行大股东中国移动通信集团广东有限公司因配债而持有浦发转债之外，其余九大持有人全部是回购质押专用账户。

所谓债券回购质押专用账户，即正回购账户。质押式回购是指交易双方以债券为质押进行的短期资金融通业务。在质押式回购交易中，资金融入方（正回购方）在将债券出质给资金融出方（逆回购方）融入资金的同时，双方约定在将来某一日期由正回购方向逆回购方返还本金和利息，逆回购方向正回购方返还原出质债券。在质押式回购交易过程中，债券所有权不发生转移，而是由中国证券登记结算有限责任公司（以下简称"中国结算"）冻结托管，并在到期时予以解冻。

在2016年以前，个人也可以通过券商开通正回购资格，只不过要求持有300万元以上资产，还需要通过考试。后来由于债券违约频发，而且正回购给券商带来的收入较少、风险较高，正回购资格只向专业机构开放。正回购和逆回购的品种是一样的，沪市有9个代码：204001、204002、204003、204004、204007、204014、204028、204091、204182，分别对应1天、2天、3天、4天、一周、两周、一个月、三个月、半年的正回购；深市同样有9个代码。对于散户而言，平时通过券商软件卖出逆回购收取利息，交易对手方正是机构的正回购账户。

对于机构而言，正回购的融资成本年化仅为2%左右，可以说是相当低廉。那么机构可以通过持有类似浦发转债这样的大盘AAA评级转债进行正回购操作，加大杠杆、提高收益。机构将持有的浦发转债放在质押库里称为入库，入库后债券会变成标准券，只有变成标准券后才能质押。标准券需要通过折算率进行计算，折算率由中国结算每日公布。机构通过正回购交易可以将杠杆放大2~3倍，大幅提高所持大盘转债的收益率。

截至2023年11月17日，42只AAA评级转债（含可交换债）中，平均折算率为71%，基金平均持仓比例为25%，具体如表2-1所示。

表2-1 AAA评级转债数据

转债名称	现价（元）	转股溢价率（%）	债券评级	折算率（%）	正股波动率（%）	基金持仓比例（%）	剩余规模（亿元）
中银转债	139.494	0.01	AAA	92	39.31	31.29	33.727
本钢转债	119.7	21.86	AAA	54	27.54	29.46	56.31
大秦转债	115.249	1.25	AAA	77	15.67	27.91	286.353
平煤转债	127.299	7.69	AAA	74	31.49	0.09	28.999
中信转债	112.328	25.96	AAA	75	29.27	9.29	397.92
G三峡EB1	149.903	−0.13	AAA	98	14.86	31.88	112.45
苏租转债	147.44	2.45	AAA	86	22.44	11.81	47.64
温氏转债	124.802	16.79	AAA	74	27.87	34.58	77.386

续表

转债名称	现价（元）	转股溢价率（%）	债券评级	折算率（%）	正股波动率（%）	基金持仓比例（%）	剩余规模（亿元）
重银转债	101.771	44.99	AAA	68	17.59	30.58	129.994
川投转债	170.493	0.01	AAA	87	17.67	31.96	34.532
齐鲁转债	100.206	41.06	AAA	67	15.28	30.00	79.975
招路转债	124.91	6.27	AAA	82	25.20	33.06	48.577
淮22转债	123.617	17.78	AAA	73	24.91	27.11	30
兴业转债	101.999	60.84	AAA	68	16.60	26.33	499.976
希望转2	101.804	47.53	AAA	46	18.55	43.19	81.436
青农转债	102.271	61.04	AAA	68	15.08	26.92	49.997
上银转债	109.47	78.46	AAA	73	12.25	28.59	199.98
苏行转债	116	27.47	AAA	76	18.75	45.63	49.995
杭银转债	111.787	29.82	AAA	74	19.77	36.58	149.985
浦发转债	107.097	104.61	AAA	71	15.39	31.34	499.986
成银转债	117.923	28.92	AAA	78	25.17	27.93	51.967
山路转债	108.9	49.36	AAA	65	25.86	0.66	48.36
19蓝星EB	109.1	52.01	AAA	73	18.15	12.86	35.065
南银转债	108.183	28.33	AAA	72	15.99	33.92	166.16
烽火转债	122.627	36.21	AAA	73	40.07	43.15	30.873
长证转债	105.36	21.89	AAA	7	20.84	34.61	49.964
神马转债	117.52	23.67	AAA	54	20.24	3.68	30
长汽转债	113.841	64.25	AAA	67	38.10	32.48	34.953
希望转债	104.4	106.49	AAA	47	18.55	4.66	9.494
国投转债	109.21	49.43	AAA	65	25.32	29.69	79.992
隆22转债	103.044	154.02	AAA	61	33.91	16.67	69.958

续表

转债名称	现价（元）	转股溢价率（%）	债券评级	折算率（%）	正股波动率（%）	基金持仓比例（%）	剩余规模（亿元）
冀东转债	103.539	92.81	AAA	61	24.35	18.18	17.764
南航转债	124.12	26.37	AAA	81	27.55	19.81	58.96
中特转债	105.192	73.11	AAA	62	24.27	27.44	49.997
核建转债	108.6	41.52	AAA	73	22.01	24.03	29.951
北港转债	119.6	29.65	AAA	71	19.35	19.92	17.631
柳工转2	118.89	45.71	AAA	7	22.34	0.47	30
浙22转债	124.119	22.67	AAA	82	20.95	33.00	69.998
华安转债	114.294	37.61	AAA	76	23.05	30.35	27.994
财通转债	111.763	54.37	AAA	75	22.70	30.48	37.996
G三峡EB2	111.25	17.42	AAA	74	14.86	19.99	100
燃23转债	120.8	38.16	AAA	71	18.52	—	30

资料来源：集思录。

散户也可以加杠杆

虽然转债是低风险投资品种，但只要是投资就会有风险。我们不提倡散户通过加大杠杆交易转债，但是可以学习和了解转债加杠杆的方法，工具箱里多一种工具，百利而无一害。

机构可以通过正回购加杠杆，散户其实也有加杠杆的方法。简言之，散户给转债加杠杆的方法就是先开通股票信用账户。转债可以作为冲抵保证金的证券，即散户可将买入的转债划转至信用账户作为抵

第二章 可转债申购

押，之后通过绕标的方式加杠杆。所谓绕标，基本原理是投资者将所持转债转入信用账户作为担保物，以ETF（交易型开放式指数基金）或价格波动较小的蓝筹股作为标的证券，通过"融券卖出+融资买入+现券还券"的方式，从券商融出资金，最后使用该资金加杠杆的行为。

在使用本技能之前，先做个重要提醒：投资者一定要跟开户券商确认自己的信用账户（融资融券账户）是否开通了T+0的资格，如果没有开通，则无法按照以下步骤完成融资操作。

首先，投资者要在T日之前（最迟是T-1日）将所持转债作为担保品划转至信用账户，T日到账。这个划转操作是在信用账户下操作的，在信用账户下点击"担保品划转"，右侧会弹出对话框，划转方向选择"普通=信用"，就可以将普通证券账户的转债转到信用账户。

到了T日，转债就会划转至信用账户，然后开始如下操作，就可以利用信用账户加杠杆了。

第一步，融券卖出。投资者应先融券卖出价格波动比较小的50ETF、300ETF、深100ETF或180ETF（当然也可以融券卖出个股）。投资者在融券之前要先在信用账户的"标的券"下面查询一下还有没有券可以融出。

第二步，融资买入。在确定融券卖出成交之后，投资者应立刻在信用账户下融资买入相同数量的50ETF、300ETF、深100ETF或180ETF，切记一定要和融券卖出的标的是同一标的（融资融券选择

ETF还有一个好处就是能省去印花税）。

第三步，还券。投资者对使用融资买入的50ETF、300ETF、深100ETF或180ETF进行"现券还券"，了结融券负债。关于还券的操作，各个券商的平台有差异，有的是选择"现券还券"按钮操作，有的是选择"直接还券"按钮操作。

在完成以上三步操作之后，投资者的信用账户就会多出一笔资金，数额就是融资的金额。投资者可在"信用综合查询"下的"现金资产"看到该笔资金，进而可以使用这笔钱加杠杆。至于这笔钱是用来买股票还是转债，由投资者自行决定，T+1日还可以转出用作别的用途。如果投资者想低风险加杠杆，除了购买转债之外，还可以申购新股。比如在2015年，A股是资金申购，当年申购新股的年化收益率在15%以上；在2023年，北交所申购新股也是采用资金申购，截至2023年12月，北交所资金打新的收益率超过14%。

当然，投资者把券商的钱绕标出来不是白用的，要按照年化7%左右的利率向券商支付融资利息。除了利息成本之外，投资者绕标成本还包括ETF买入和卖出的佣金；如果交易股票，还需要缴纳印花税。

第四步，还钱。有借有还，再借不难，借了券商的钱可以随时还，在信用账户下选择"现金还款"或"直接还款"均可以进行还钱操作，不同券商的平台稍有差异。

以华宝证券为例，截至2023年11月30日，545只转债中共有426只转债在华宝证券可充抵保证金证券，占比78%。投资者可将持有的426只转债划转至信用账户作为抵押品，然后通过绕标的方式从券商融资，最后可将融资所得资金用于加杠杆。与机构正回购相同，券商也为不同的转债设置了不同的折算率。以华宝证券为例，中信转债的折算率为55%，兴业转债的折算率为60%（见表2-2）。

表2-2 可充抵保证金证券折算率

代码	转债名称	折算率（%）
113021	中信转债	55
113024	核建转债	55
113027	华钰转债	60
113030	东风转债	60
113033	利群转债	50
113037	紫银转债	50
113039	嘉泽转债	60
113042	上银转债	60
113043	财通转债	50
113044	大秦转债	60
113045	环旭转债	55
113046	金田转债	50
113047	旗滨转债	60
113048	晶科转债	60
113049	长汽转债	60
113050	南银转债	60
113051	节能转债	60
113052	兴业转债	60
113053	隆22转债	60

资料来源：集思录。

第三章
可转债网下申购

可转债炼金术

可转债网下发行历史

对于部分大盘转债申购，为了保证发行成功，在针对原股东配售和网上申购之外，承销商会针对机构安排额外的网下申购。

A股可转债的发行，首先是针对正股原股东的配售；原股东不参与配售的部分，由其他投资者进行申购。其他投资者申购又分为网上申购和网下申购两部分，其中网上申购全体A股投资者均可参与，而网下申购只针对机构投资者，仅有部分可转债发行进行网下申购。

早期针对机构进行网下发行的主要原因是早年转债市场关注度相对较低，投资者网上申购的热情较为缺乏，为避免出现认购金额过低（认购规模/发行规模低于70%）导致中止发行，或是承销商由于募集规模较大而承受大额包销压力的情形，发行人通常倾向开启网下申购渠道来减轻募资压力。

早期可转债网下申购是现金申购，到了2013年，深燃转债发行已经改为信用申购，要求机构先行缴纳总申购金额的20%作为保证金，当时深燃转债的网下申购上限是8亿元，若机构按照上限参与网下申购，预计缴纳的保证金是1.6亿元。而2016年发行的三一转债要求机构缴纳总申购金额的30%作为保证金，同在2016年发行的洪涛转债则要求机构缴纳总申购金额的10%作为保证金。此外，2016年发行的国贸转债、九州转债、蔚蓝转债（原名顺昌转债）、广汽转债、白云转债、江南转债、海印转债和骆驼转债都设有针对机构的网下发行；此时的网下申购因为保证金要求较高，主要是金融机构参与。以蔚蓝转债为例，蔚蓝转债网下发行要求机构缴纳保证金的比例为总申购金额的50%，机构网下申购上限为4.08亿元，即若顶格申购则需要缴纳保证金2.04亿元。最终只有286家机构参与蔚蓝转债的网下申购，主要是基金、券商、企业年金、信托和大型企业财务公司等金融机构。

到了2017年，随着可转债网上申购改为信用申购，可转债网下申购也开始改革。2017年发行的蒙电转债网下申购改为缴纳固定的50万元保证金，此后的可转债网下申购的保证金全部按照50万元执行，可转债网下发行进入高潮期。2017年底至2023年12月14日，共有93只转债进行网下发行，其中2018年有23只可转债进行网下发行，2019年则有61只转债进行网下发行，2020年仅有2只可转债进行网下发行，2021年有6只可转债进行网下发行，2022年至2023年12月尚无转债进行网下发行。自可转债网下申购改为50万元保证金之后，网下申购主体开始从以金融机构为主转变为以一般公司法人和金融机构为主，参与网下申购的机构数量也大幅增加，到2021年12月兴业转债网下申购时，网下申购机构达到11650户，而2019年发行的苏银转债网下申购机构高达14043户。近年来可转债网下申购数据如表3-1所示。

表3-1 可转债网下申购数据

名称	申购日期	发行规模（亿元）	上市首日收盘价（元）	评级	股东配售率（%）	中签率（%）	网上申购户数（万户）	网下顶格（亿元）	顶格获配（万元）	网下申购户数（户）
兴业转债	2021-12-27	500	111.06	AAA	45.43	0.10	1091.31	50	492.9	11650
天合转债	2021-08-13	52.52	142.99	AA	63.35	0.01	978.67	15	15.9	9694
南银转债	2021-06-15	200	120.28	AAA	67.90	0.03	845.37	30	87.2	10986
杭银转债	2021-03-29	150	113.99	AAA	42.34	0.06	707.02	15	95.3	8319
温氏转债	2021-03-29	92.97	102.855	AAA	73.79	0.02	709.97	30	51	6947
上银转债	2021-01-25	200	100.15	AAA	35.81	0.11	688.96	30	327.2	5178
大秦转债	2020-12-14	320	102.17	AAA	72.46	0.06	831.38	30	169.5	7201
搜特转债	2020-03-12	8	106.7	AA	9.33	0.01	425.71	7	8.6	2945
东风转债	2019-12-24	2.95	115.22	AA	13.21	0.01	157.94	2.6	2.8	3713
淮矿转债	2019-12-23	27.58	117.03	AAA	53.18	0.02	157.74	10	16.8	9108
国轩转债	2019-12-17	18.5	127.802	AA	55.75	0.02	159.02	10	18.3	4643
木森转债	2019-12-16	26.6	120.319	AA	41.30	0.02	150.85	10	23.7	7677
仙鹤转债	2019-12-16	12.5	115.9	AA	53.73	0.01	152.29	10	10.9	5773
鸿达转债	2019-12-16	24.27	113.56	AA	26.28	0.03	149.17	10	30.4	6565

续表

名称	申购日期	发行规模（亿元）	上市首日收盘价（元）	评级	股东配售率（%）	中签率（%）	网上申购户数（万户）	网下顶格（亿元）	顶格获配（万元）	网下申购户数（户）
明阳转债	2019-12-16	17	123.55	AA	17.59	0.05	152.01	4	19	4757
烽火转债	2019-12-02	30.88	124.5	AAA	33.54	0.02	122	27	54	8213
海亮转债	2019-11-21	31.5	107.4	AA	64.45	0.02	116.81	10	22.6	5771
顺丰转债	2019-11-18	58	115.96	AAA	77.38	0.02	124.31	10	18.1	9674
福特转债	2019-11-18	11	120.56	AA	69.42	0.01	120.29	9.9	6.8	5852
川投转债	2019-11-11	40	114.05	AAA	81.59	0.01	100	10	11.4	8920
天路转债	2019-10-28	10.87	107.22	AA	33.64	0.02	110.99	9.7	18.5	4160
浦发转债	2019-10-28	500	103.9	AAA	52.72	0.30	114.02	50	1508.4	7015
索发转债	2019-10-24	9.45	104.87	AA	36.84	0.02	90.31	8.5	19.3	2842
金能转债	2019-10-14	15	104.85	AA	47.10	0.03	82.95	4	13.9	4467
远东转债	2019-09-23	8.94	103.08	AA	42.08	0.02	79.01	8	13	4398
合兴转债	2019-08-16	5.96	107.5	AA	9.22	0.09	41.63	5	43	567
南威转债	2019-07-15	6.6	100.83	AA-	62.58	0.06	38.65	5.9	37.7	769
华森转债	2019-06-24	3	100.51	AA-	61.34	0.02	41.08	3	5.6	828

可转债炼金术

续表

名称	申购日期	发行规模（亿元）	上市首日收盘价（元）	评级	股东配售率（%）	中签率（%）	网上申购户数（万户）	网下顶格（亿元）	网下顶格获配（万元）	网下申购户数（户）
清水转债	2019-06-19	4.9	103.2	AA-	33.08	0.09	27.16	4	34.3	390
环境转债	2019-06-18	21.7	117.09	AAA	56.57	0.03	49.35	10	30.6	4019
华钰转债	2019-06-14	6.4	101.87	AA	4.45	0.07	45.98	5.7	41.2	937
蓝晓转债	2019-06-11	3.4	107.8	A+	71.90	0.02	32.74	3	6.7	410
文灿转债	2019-06-10	8	101.66	AA-	18.08	0.10	35.83	7.2	74.2	607
永鼎转债	2019-04-16	9.8	95.56	AA	49.99	0.01	118.06	8.8	12.7	4333
创维转债	2019-04-15	10.4	99.88	AA	26.60	0.03	118.39	5	13.1	4448
核能转债	2019-04-15	78	102.71	AAA	79.23	0.03	126.21	10	30.9	7263
明泰转债	2019-04-10	18.39	96.94	AA	24.00	0.03	120.66	16	48.7	4830
鼎胜转债	2019-04-09	12.54	96.65	AA	46.94	0.02	113.46	10	20.8	4108
核建转债	2019-04-08	29.96	103	AAA	70.29	0.02	120.1	10	19.9	6355
司尔转债	2019-04-08	8	99.39	AA	39.05	0.02	122.55	7	14.3	3027
亚药转债	2019-04-02	9.65	106.81	AA	29.78	0.03	104.86	8.5	24.5	3124
现代转债	2019-04-01	16.16	106.39	AAA	32.79	0.04	88.8	10	35.7	4771

续表

名称	申购日期	发行规模（亿元）	上市首日收盘价（元）	评级	股东配售率（%）	中签率（%）	网上申购户数（万户）	网下顶格（亿元）	顶格获配（万元）	网下申购户数（户）
大丰转债	2019-03-27	6.3	104.4	AA	23.03	0.02	64.79	5.6	12	3732
启明转债	2019-03-27	10.45	110.9	AA	37.19	0.01	74.1	9	12.5	6014
招路转债	2019-03-22	50	100	AAA	7.50	0.07	74.86	10	70.1	7193
迪森转债	2019-03-20	6	109.37	AA	29.76	0.02	55.09	5.4	11.7	3051
亨通转债	2019-03-19	17.33	111.59	AA+	52.11	0.02	70.72	10	18.1	4830
通威转债	2019-03-18	50	119.9	AA+	74.42	0.01	63.96	10	11.1	11796
长信转债	2019-03-18	12.3	113.16	AA	42.70	0.01	48.6	11	11.8	6253
伊力转债	2019-03-15	8.76	130.57	AA	21.76	0.02	64.64	4.38	7.9	7739
苏银转债	2019-03-14	200	109.14	AAA	26.97	0.04	57.18	30	117	14043
浙商转债	2019-03-12	35	106.77	AAA	30.99	0.02	60.69	16	27.7	9366
视源转债	2019-03-11	9.42	123.28	AA	5.87	0.02	50.5	8	16.1	5543
绝味转债	2019-03-11	10	128.02	AA	55.43	0.01	56.67	9	5.4	8453
中鼎转2	2019-03-08	12	121.7	AA+	63.53	0.01	54.22	6	5	8630

可转债炼金术

续表

名称	申购日期	发行规模（亿元）	上市首日收盘价（元）	评级	股东配售率（%）	中签率（%）	网上申购户数（万户）	网下顶格（亿元）	顶格获配（万元）	网下申购户数（户）
博彦转债	2019-03-05	5.75	115.9	AA-	16.06	0.05	44.42	5	25.6	1178
贵广转债	2019-03-05	16	118.26	AA+	32.84	0.01	47.11	14.4	17.5	6825
万信转2	2019-03-04	12	118.701	AA	40.91	0.02	35.67	10.8	18.5	4200
中信转债	2019-03-04	400	108	AAA	73.88	0.02	47.25	80	145.5	9574
长城转债	2019-03-01	6.34	111.81	AA-	53.90	0.04	28.99	5.7	21.4	990
富祥转债	2019-03-01	4.2	115	AA-	36.57	0.04	25.49	3.5	14.4	1261
今飞转债	2019-02-28	3.68	108.38	A+	13.24	0.08	26.01	3.3	27.1	452
中天转债	2019-02-28	39.65	114.13	AA+	29.46	0.02	30.26	36	70.4	5449
长青转2	2019-02-27	9.14	122.365	AA	21.05	0.03	34.7	8.2	22	3456
中来转债	2019-02-25	10	114.935	AA-	21.24	0.06	24.72	9	55.4	1498
中宠转债	2019-02-15	1.94	113	A+	9.95	0.13	8.46	1.7	21.7	351
维格转债	2019-01-24	7.46	106.13	AA	4.91	0.40	7.21	6.7	264.9	246
平银转债	2019-01-21	260	114.069	AAA	68.95	0.04	17.15	50	404.5	4363

续表

名称	申购日期	发行规模（亿元）	上市首日收盘价（元）	评级	股东配售率（%）	中签率（%）	网上申购户数（万户）	网下顶格（亿元）	顶格获配（万元）	网下申购户数（户）
冰轮转债	2019-01-14	5.09	114.52	AA	44.23	0.14	5.87	4.5	63.6	418
佳都转债	2018-12-19	8.74	105.09	AA	14.08	2.35	3.19	7.8	—	1
海尔转债	2018-12-18	30.07	114.92	AAA	60.10	0.04	12.72	15	59	2787
台华转债	2018-12-17	5.33	101.12	AA	29.06	0.42	3.08	4.7	198.1	191
奇精转债	2018-12-14	3.3	95.92	AA	37.05	0.57	3.45	2.97	170.5	10
钧达转债	2018-12-10	3.2	93.01	AA-	17.35	0.86	2.96	2.8	239.7	5
福能转债	2018-12-07	28.3	103.89	AA+	32.13	0.20	5.46	25.47	499.1	879
华源转债	2018-11-27	4	93.21	AA-	9.83	0.95	3.78	3.5	—	1
旭升转债	2018-11-22	4.2	105.54	AA	18.18	0.32	6.52	3.78	120.1	170
山鹰转债	2018-11-21	23	99.3	AA+	14.08	0.50	7.79	20	993.4	420
圆通转债	2018-11-20	36.5	101.95	AA+	39.35	0.21	12.81	18.2	379.4	1084
桐昆转债	2018-11-19	38	101	AA+	43.25	0.19	10.31	34.2	656.5	919
科森转债	2018-11-16	6.1	97.95	AA	14.63	0.33	12.95	5	164.5	90

可转债炼金术

续表

名称	申购日期	发行规模（亿元）	上市首日收盘价（元）	评级	股东配售率（%）	中签率（%）	网上申购户数（万户）	网下顶格（亿元）	顶格获配（万元）	网下申购户数（户）
张行转债	2018-11-12	25	102.4	AA+	28.88	0.36	6.97	22.5	1445.6	252
洲明转债	2018-11-07	5.48	103.411	AA-	33.98	0.31	7.47	4.9	150.1	143
长久转债	2018-11-07	7	99.11	AA	30.00	0.41	7.1	5	206.4	131
光电转债	2018-11-05	13	111.01	AA+	41.86	0.07	10.86	11.7	84	1244
利尔转债	2018-10-17	8.52	103.01	AA	43.38	0.18	4.63	7.6	139.5	478
机电转债	2018-08-27	21	111.605	AAA	57.75	0.12	9.37	18	215.1	952
苏农转债	2018-08-02	25	99.2	AA+	28.63	0.51	6.15	20	1017.3	321
凯中转债	2018-07-30	4.16	95.11	AA	36.29	0.20	13.38	3.74	74.2	202
湖广转债	2018-06-28	17.34	93.16	AA+	16.55	1.01	14.29	5	—	0
广电转债	2018-06-27	8	95.8	AA	10.51	0.41	19.28	6.4	—	1
长证转债	2018-03-12	50	106.9	AAA	50.33	0.12	84.35	5	62	2577
蒙电转债	2017-12-22	19.11	104.18	AAA	3.72	0.27	69.02	3.5	93.4	113

资料来源：集思录。

第三章 可转债网下申购

对于转债承销商而言,开启网下申购处理流程烦琐,需要收取及核查机构的文件、验资等。在包销压力较小时,承销商并无动力选择开启网下申购,这也解释了为何网下申购多见于转债市场整体情绪较为低迷时。以2018年为例,权益市场持续处于熊市,转债市场整体估值压缩至历史低位,新转债上市破发成为常态,转债打新热情明显受到压制。承销商面临大额包销的可能性显著增加,进而会选择开通网下申购渠道减轻包销压力。不过2018年发行的佳都转债、湖广转债和华源转债,即使开启了网下申购,最终承销商的包销比例也仍分别高达43.68%、33.55%和24.49%。在2018年进行网下申购的23只转债中,以上市首日收盘价计,仍有10只转债上市破发,占当年所有网下申购转债比例的43%。同时,虽然承销商开启网下申购渠道,但由于市场低迷,赚钱效应差,机构未必会积极参与。例如2018年网下发行的湖广转债就没有机构报名参与网下申购,佳都转债、华源转债和广电转债的网下发行均只有1家机构参与。

2020年以后,转债市场高估值成为新常态,新转债上市破发少有发生,叠加转债市场关注度显著提升,网上申购金额通常远超转债募集规模,承销商包销压力明显减弱,一般无须开通网下申购渠道。因此2020年之后开启网下申购的转债锐减,且以大盘股和银行股为主。按照发行规模统计,2018年开启网下转债的公司平均发行规模为16亿元,而2019年、2020年和2021年开启网下转债的公司平均发行规模分别为37亿元、164亿元和199亿元。

截至2023年,可转债网上申购户数已经从2018年最低时的1.82

万户暴增至最高1206万户，承销商基本无包销压力。但是在2021年仍有6只大盘转债进行了网下发行，主要原因是2021年1月之后，交易所规定持股5%以上股东、董事、监事和高级管理人员配售的转债有6个月的限售期，无法像从前一样在转债上市后立即卖出赚取价差，从而影响了他们参与优先配售的意愿，承销商为了保证发行成功，依然针对部分大盘转债开启了网下申购。

可转债网下申购流程

除了金融机构之外，普通公司法人如何参与可转债网下申购呢？第一，只有企业法人才能参与网下转债申购，且必须以公司名义在证券公司开设法人证券账户。企业法人最好是公司，可以是一人独资公司，公司无注册资金、经营范围、经营年限等要求，个人和个体工商户不能参与网下转债申购。第二，每次申购每个账户需要向承销商缴纳申购保证金50万元。

满足以上两个条件后，就可以参与网下转债的申购了。网下申购流程与网上申购不一样，主要涉及向承销商提交资料和汇款两个关键点。我们以2021年12月发行的兴业转债为例，介绍可转债网下申购流程。

第一步，从巨潮资讯网查看上市公司的转债发行公告。兴业银行于2021年12月23日公布兴业转债的发行公告，根据发行公告中的时间安排，计划参与兴业转债网下申购的机构，需要在T-1日（2021

第三章 可转债网下申购

12月24日，T日一般是指网上申购日）向兴业转债的主承销商中信建投证券提交《网下申购表》等相关文件，并于T-1日按时缴纳申购保证金50万元。提交文件和缴纳保证金必须在T-1日的17:00前完成，若未能在规定时间提交文件和缴纳保证金，承销商会视为无效申购。

下文以一般公司法人为例，说明机构在T-1日需要提交的文件。根据兴业转债的发行文件，一般公司法人需要提交的文件如下：①法人代表授权委托书扫描件（法定代表人本人签章的无须提供）；②上海证券账户卡扫描件或开户证明文件扫描件；③有效的企业法人营业执照扫描件（加盖单位公章）；④《网下投资者申购承诺函》盖章扫描件（加盖单位公章）；⑤机构投资者以自有资金参与网下发行的申购金额不超过其资产规模或资金规模的资产证明文件扫描件（加盖单位公章），资产证明文件可以是近一期经审计的财务报告（由会计师事务所提供，审计师签字或会计师事务所盖章）、存款证明（由银行提供）或证券持仓证明（由证券公司提供）等；⑥可转债《网下申购表》。

现在进行网下发行的可转债主承销商都提供通过网络提交文件的方式，机构投资者可通过网络向主承销商提交文件，具体路径会在可转债发行文件中列明。

机构投资者提交文件后，需要向主承销商汇款50万元作为网下申购保证金。以兴业转债为例，主承销商在发行文件中列明了收款户名、账号、开户行等信息，机构投资者需要使用自己申购的公司同名银行账户向主承销商汇款，而且需要一次性汇款50万元，不得分笔汇款,汇款时需要在备注栏注明"上交所证券账户号码"和"兴业转债网下"字样,以便主承销商确认机构投资者身份,如需确认主承销商是否收到汇款,可进行电话查询。

第二步,发行可转债的公司一般会于T日(网上申购日)晚间发布网下配售结果公告。兴业银行于2021年12月27日(T日)晚间发布了《兴业银行公开发行可转换公司债券网上中签率及网下配售结果公告》,机构投资者可通过该公告查询自己的获配数量和需要补缴金额。投资者根据该公告在T+2日17:00前(2021年12月29日)补缴配售金额,若保证金大于配售金额,多余部分会不早于T+2日按原路径返还给投资者。需要注意的是,若投资者未能在规定时间内补缴配售款,则50万元保证金会被主承销商没收。该公告同时会列明主承销商接受机构汇款的收款户名、账号、开户行等信息。

第三步,机构投资者缴款完毕或收到退款后,剩下就是等待转债上市了,网下申购的转债一般会于上市前一天证券账户清算完毕后出现在证券账户下。网下申购转债没有锁定期,上市首日即可卖出。沪市可转债从申购到上市一般需要一个月;深市时间略长,一般需要一个半月至两个月。

网下申购十问十答

2019年后,想参与网下申购转债的一般公司法人很多。结合实践中可能遇到的问题,笔者总结了关于网下申购转债的十问十答。

第三章　可转债网下申购

问题一： 任何公司都能办理网下可转债申购开户吗？

答： 是的，不限制公司类型、经营范围、注册资金，有限责任公司、个人独资公司、股份公司、有限合伙公司都能办理开户。个人独资企业亦可办理开户，但是最好以公司名义开户。个体工商户和个人不能参与网下转债申购。

问题二： 网下申购可转债时，是用公司的银行账户缴款吗？

答： 当然，以公司名义在券商开设证券账户，就要用公司的银行账户缴款。

问题三： 可以直接在网上开设公司证券账户吗？

答： 不可以，开设公司证券账户必须临柜。

问题四： 网下申购和网上申购有区别吗？

答： 两者有重大区别。网下申购只能使用公司证券账户，需要使用公司的银行账户给承销商汇款，申购时需要缴纳50万元保证金。如果中签后缴款不足，不仅50万元会被没收，配售资格还会被取消。网下申购需要向承销商提供一系列文件，建议初次参与网下申购的用户，先把以往的转债发行公告和配售公告多看几遍，熟悉流程和要求，若还是不懂，可以电话咨询承销商。

问题五： 网下申购必须顶格申购吗？

答： 不是。比如中信转债，网下机构投资者申购顶格是80亿元，下限是1000万元。投资者既可以按照下限申购，也可以按照顶格申购，还可以按照其他数额申购，但必须是1000万元的整数倍。

问题六： 担心50万元保证金被没收，券商能否提供融资服务？

答：基本不提供，因为现有的两融渠道不支持可转债申购融资。

问题七：怎么提前预估中签金额，以方便安排缴款？

答：可以先查阅之前相同类型、相同评级、相同规模转债的网下申购户数、申购金额、中签率等数据，根据以往数据合理预估拟申购的转债中签率和缴款金额，部分券商会在申购前发布预估报告。

问题八：公司户赚钱后如何处理税务问题？

答：目前年应纳税所得额100万元以下，企业所得税税率为5%。如果将利润分红给个人，则需要缴纳个人所得税。

问题九：公司证券账户除了可以申购可转债之外，还可以交易A股其他品种吗？

答：可以交易股票、基金等，基本上A股的交易品种都可以参与。

问题十：公司证券账户参与了网下申购转债，还可以参与网上申购吗？

答：可以。

预估中签金额

对于参与网下转债申购的机构而言，最核心的问题就是如何预估中签金额，以便为中签准备资金。如果中签数量多但资金不足，那么50万元保证金有可能被没收。对于有网下发行的可转债而言，可转债发行属于三家分食，分别是原股东配售、网上发行和网下发行。根据

第三章 可转债网下申购

可转债发行规则，网上和网下发行部分的分配规则按照网上和网下中签率一致的原则进行。这意味着，可转债网下（网上）中签率=可申购规模/（网上申购金额+网下申购金额），其中可申购规模是总发行规模减去原股东配售规模。因此对网下申购中签率的预测就是要预估以下几个数据：原股东配售金额、网上申购金额和网下申购金额。

如何预估这3项数据？我们分别来说明，首先谈谈原股东配售金额的预估，主要是预测前十大股东的配售意向。一是根据可转债发行时的网上路演情况，公司一般会在路演时说明大股东是否参与配售及参与比例；二是根据可转债公司发行公告，不少公司会在发行公告里明确告知大股东是否参与配售及参与配售的比例。

考虑到2021年之后对持股5%以上大股东配售可转债有6个月的锁定期，此后大股东配售可转债比例相比之前有所下滑。以2019年招商公路发行招路转债为例，招路转债虽然贵为AAA评级，但是作为招商公路持股比例高达68.65%的第一大股东招商局集团在路演时明确表示不参与配售，最终招路转债原股东配售比例仅为7.5%。有些转债的大股东为了增强投资者信心，在可转债发行公告中就明确告知自己的认购比例。以福斯特发行福特转债为例，该公司在发行公告中就明确大股东林建华拟认购比例不低于可转债总发行量的49%，最终福特转债原股东配售比例为69.24%。

除了原股东参与配售之外，剩余的可转债就可以由投资者参与申购了。这里的投资者可以通过以下两种方式申购：网下申购和网上申购。网上申购比较简单，只要开通A股账户可转债权限的投资者均可参与申购。网上申购可转债属于信用申购，既不需要投资者A股账户有A股或可转债市值，也不需要提前缴纳保证金，正所谓"一户在手，天下我有"。

上市公司发行可转债，对网上申购可转债设定的顶格额度一般是100万元，T日申购T+2日缴款。如果中签后1年内有3次不缴款，则自动进入交易所黑名单，当年该账户不能再申购可转债和新股。

如何预估一只转债的网上申购户数？主要参考因素就是同评级同行业转债的申购户数，以及近期转债的网上申购户数。对于可转债网上申购而言，一般在市场稳定或上涨期，市场有赚钱效应时，转债网上申购户数会持续上涨；直到2022年7月对可转债投资者适当性要求的规定出台后，可转债网上申购户数稳定在1100万～1200万户；当然，网上申购户数要考虑到市场情绪，2022年9月随着市场持续下滑，2022年9月29日申购的再22转债网上申购户数已经跌破1000万户。当投资者对网上申购户数有明确的预估区间后，每户按照顶格100万元申购进行假设，那么网上申购总金额就能确定下来。

确定了网上申购金额后，下一步就是预测网下申购户数和网下申购总金额。预估这两项数据，不仅要参考最近一期同行业同评级转债的申购户数和申购总金额，还要考虑公司质地。一般而言，对于AAA评级的转债，多数机构都会配置，机构参与度高；而AA及以下评级的转债，很多大型机构不会配置，尤其是袖珍转债，流动性不足，大型机构不会考虑。例如，2019年12月发行的AAA评级转债——川投转债和顺丰转债的网下申购户数分别高达8920户和9674户，而

AA评级转债——海亮转债和福特转债的申购户数分别仅有5771户和5852户。

我们以2021年12月27日申购的兴业转债为例进行分析。兴业转债的正股是兴业银行（601166.SH），兴业转债的发行规模为500亿元，根据兴业银行2021年三季报，前十大股东持有兴业银行47.79%的股权。

根据兴业银行发行可转债的网上路演说明，公司只是表示第一大股东福建省财政厅会积极参与配售，而前十大股东是否参与本次配售未知。参考最近一只同为AAA评级同行业的南银转债，其发行规模为200亿元，股东配售率为67.9%。考虑到兴业银行前十大股东中香港中央结算有限公司为港股通渠道持有，不会参与配售，同时兴业转债的转股价值为75元，我们预计兴业转债的股东配售率为45%~65%，即兴业银行股东会配售225亿~325亿元的兴业转债，那么兴业转债留给网下和网上认购的规模就剩下175亿~275亿元。

再来看兴业转债的网上申购户数和金额。参考最近一期的沪市转债珀莱转债的申购户数约为1078万户，我们对兴业转债的网上申购户数按照1080万户预估，每户申购金额为100万元，即网上申购总金额为108000亿元。

具体到兴业转债网下申购，我们参考最近一期同评级同行业的南银转债网下数据，南银转债的网下申购户数为10986户，网下申购总金额为136292亿元，我们预计兴业转债的网下申购户数为11500户，网下申购总金额为140000亿元。

可转债炼金术

根据以上预估数据，我们可以预估兴业转债的网下中签率。假设兴业转债的股东配售率为45%，则兴业转债网下中签率=可申购规模/（网上申购金额+网下申购金额）=275÷（108000+140000）×100%≈0.11089%；假设兴业转债的股东配售率为65%，则兴业转债的网下中签率=175÷（108000+140000）×100%≈0.07057%。兴业转债网下顶格申购为50亿元，若机构投资者选择顶格申购，在两种股东配售率假设下，则分别需要缴款554.45万元和352.8万元。

而实际上根据兴业转债的最终网下配售公告，兴业转债原股东配售率为45.43%，网上申购户数为1091万户，网上申购规模为107954亿元，网下申购户数为11650户，网下申购总金额为168859亿元，兴业转债的网下中签率为0.09857%，网下顶格申购兴业转债的中签金额为492.9万元。

第四章
可转债股性

转股价值

可转债属于股债结合产品，交易一只可转债既要考虑股性也要考虑债性，股性在于进攻，债性用于防守。对可转债交易者来说，转债是否上涨首先要看正股的涨幅。但是有时候投资者会发现，有些正股上涨，转债不跟涨甚至下跌，有些正股大涨甚至涨停，但转债涨幅很小，这就与转股溢价率有关。

转股溢价率是指可转债交易价相比其转股后价值的溢价水平。转股溢价率越低，则可转债的股性越强，转债越会紧密地跟随正股的涨幅；反之，转股溢价率越高，则转债的股性越弱，转债可能无法跟足正股涨幅。转股溢价率=（转债交易价-转股价值）/转股价值，其中转股价值=股票交易价×转换比例= 股票交易价×（100/转股价）。

继续以兴业转债为例，2022年9月30日兴业转债收盘价为106.588元，正股兴业银行当日收盘价为16.65元，兴业转债转股价为24.48元，由此计算兴业转债的转股价值和转股溢价率如下：兴业转债转股价值=16.65×（100/24.48）≈68.01元，兴业转债转股溢价率=（106.588-68.01）/68.01×100%≈56.72%。我们通过集思录的兴业转债详细页可以看到当日的兴业转债转股价值和转股溢价率。

第四章 可转债股性

通过集思录可转债等权指数首页[①]，我们可以看到整个可转债市场的转股溢价率。截至2022年10月10日收盘，整个可转债市场的转股溢价率为59.21%。自2017年12月29日推出集思录可转债等权指数以来，整个转债市场的平均转股溢价率为30.68%，其中整个转债市场的转股溢价率最高点是2022年4月26日的66.45%，而整个转债市场的转股溢价率最低点是2019年4月24日的11.34%。可以看出，转股溢价率越高，说明股市跌得越惨。2022年4月26日，上证指数跌至2886点，为当年收盘最低点；而2019年4月24日，上证指数创当年反弹高点3201点。

可转债可以转换为股票，但并不是一上市就可以转为股票。中国证监会发布的《可转换公司债券管理办法》第八条规定，可转债自发行结束之日起不少于六个月后方可转换为公司股票。所以A股可转债的转股起始日一般是可转债发行结束之日起满6个月后的第一个交易日，而可转债发行结束日一般就是T+4日（T日为可转债网上申购日）。可转债的转股结束日即转债的到期日。

以希望转债为例，根据发行文件，希望转债的网上申购日是2020年1月3日（T日），发行结束日为2020年1月9日（T+4日），自2020年1月9日起满6个月后的第一个交易日即2020年7月9日是希望转债的转股起始日，转股结束日为2026年1月2日。也就是说，从2020年7月9日至2026年1月2日，希望转债的持有人都可以将其所持

[①] https://www.jisilu.cn/data/cbnew/cb_index/。

转债转为新希望（000876.SZ）股票。可转债投资者均可通过集思录的可转债数据查阅可转债的转股起始日、转股价、转股价值、转股代码、已转股比例、转股价下调等数据。以希望转债为例，点击集思录可转债数据，搜索"希望转债"，就可以查看希望转债的详细数据[①]。

希望转债的初始转股价是19.78元，但集思录数据显示转股价是19.75元，这是由公司分红派息和定向增发股票导致的转股价调整。在之后章节会介绍转股价发生调整的情况和计算方法。

希望转债的转股代码是127015，目前沪深交易所转债的转股代码与可转债代码相同。已转股比例是指在转股期内，已经有多少比例的转债转为正股。集思录的可转债详细页也给出了转债剩余规模的数据。

转股价下调条款，也称为下修条款。可转债的魅力就在于转股价可以下调，在熊市股票下跌严重的时候，可转债通过下调转股价，价格又回到了面值以上。转股价下调是上市公司的权利，并非义务。在转债存续期内转股价都可以下调，不是非要等到进入转股期。

被动调整转股价

根据可转债发行文件，除了公司主动下调转股价之外，上市公司会因为某些情况被动下调转股价，具体包括派送股票股利或转增股

[①] https://www.jisilu.cn/data/convert_bond_detail/127015。

本、增发新股或配股、派送现金股利等情况。当出现以上几种情况时，上市公司会被动下调转股价，具体计算公式如下：

派送股票股利或转增股本：$P_1 = P_0 / (1+n)$

增发新股或配股：$P_1 = (P_0 + A \times k) / (1+k)$

上述两项同时进行：$P_1 = (P_0 + A \times k) / (1+n+k)$

派送现金股利：$P_1 = P_0 - D$

上述三项同时进行：$P_1 = (P_0 - D + A \times k) / (1+n+k)$

其中：P_0为调整前转股价，n为送股或转增股本率，k为增发新股或配股率，A为增发新股价或配股价，D为每股派送现金股利，P_1为调整后转股价。

我们以华通转债（128040）为例分析这几种被动调整转股价的情况。2020年11月27日，正股华通医药（002758.SZ）公告称于2020年11月30日下调华通转债的转股价，由11.29元下调至10.33元，下调幅度高达8.5%。华通转债本次下调转股价属于被动下调，原因是增发新股。2020年，华通医药以非公开发行股票的方式向浙农控股等16名股东非公开发行277835875股，本次新增股份将于2020年11月30日在深交所上市，发行价格为9.6元/股。本次增发前华通医药总股本为210149107股，所以增发新股后转股价的计算公式如下：

$P_1 = (P_0 + A \times k) / (1+k)$

其中：P_0为调整前转股价11.29元，A为增发新股价9.6元，k为增发新股率，$k = 1.3221$（277835875÷210149107）。

$P_1 = (11.29 + 9.6 \times 1.3221) / (1 + 1.3221) \approx 10.33$（元）

可转债炼金术

上市公司增发或配股,若增发价或配股价高于初始转股价时,会出现转股价向上调整的情况,这是由公式 $P_1=(P_0+A\times k)/(1+k)$ 决定的。例如,2017年12月,光大银行面向华侨城和光大集团总计增发5810000000股H股,增发前光大银行AH总股本为46679127138股,H股增发价为每股5.3283港元(折合人民币为4.72元),而光大转债(113011)在增发前转股价为4.26元,增发完成后,光大转债的转股价修正为4.31元,具体如下:

P_0 为4.26元,A 为4.72元,k 为增发新股率,k=0.124467(5810000000÷46679127138)。

$P_1=(P_0+A\times k)/(1+k)=(4.26+4.72\times 0.124467)\div(1+0.124467)\approx 4.31$(元)

对于现金分红的上市公司而言,下调转股价比较简单,直接在分红派息日用原转股价减去每股现金分红($P_1=P_0-D$)即可。仍然以华通转债为例,华通转债于2018年6月14日发行,初始转股价为11.45元。2019年6月11日,公司实施完成2018年度权益分派方案(10股派0.8元),华通转债当日转股价由11.45元下调至11.37元(11.45-0.08)。2020年5月26日,公司实施完成2019年度权益分派方案(10股派0.8元),华通转债的转股价格由11.37元调整为11.29元(11.37-0.08)。

若上市公司不是现金分红,而是通过派送股票股利或转增股本,下调转股价的计算公式为 $P_1=P_0/(1+n)$。以振德转债(113555)为例,振德转债初始转股价为20.04元,正股振德医疗(603301.

SH）公告2019年分红派息方案为10股转4股派4.3元，正股除权除息日为2020年6月8日。因为振德医疗分红派息方案属于既现金分红又转增股本，则下调转股价计算公式变更为$P_1=(P_0-D)/(1+n)$。具体到振德转债本次分红派息，P_0为20.04元，D为0.43元，n为0.4（4÷10），则振德转债下调后转股价为$P_1=(20.04-0.43)/(1+0.4)≈14.01$（元），故本次分红派息后振德转债转股价由20.04元下调至14.01元。

另外，上市公司回购股票注销，也可能导致转股价向上调整。以蓝标转债（123001）为例，截至2018年2月，蓝标转债的正股蓝色光标（300058.SZ）回购注销股票30931270股，占回购前公司总股本2213019229股的1.3977%；回购完成后，公司股份总数由2213019229股减少为2182087959股，因为本次回购注销，蓝标转债的转股价由9.77元调整为9.81元。

主动下修转股价

可转债是可转换为股票的债券，在发行时就确定了转股价。可转债投资者的最终目的是转股，债券的利息是顺带赚的，但是遇上几年的"漫漫熊市"，股价"跌跌不休"，想要转股就只能靠公司下调转股价了。

是否下调转股价是上市公司的权利，也就是说，在5~6年的可转债存续期内，上市公司既可以下调转股价，也可以不下调转股价。下调转股价一般由上市公司董事会提出，然后由股东大会表决通过。

以亚泰转债（128066）为例，正股郑中设计（原名亚泰国际，002811.SZ）于2019年8月27日公告称公司董事会拟向股东大会提议下调亚泰转债转股价。根据亚泰转债募集说明书中的转股价下调条款，在本次发行的可转换公司债券存续期间，当公司股票在任意连续三十个交易日中至少有十五个交易日的收盘价低于当期转股价格的90%时，公司董事会有权提出转股价格向下修正方案并提交公司股东大会表决。上述方案须经出席会议的股东所持表决权的三分之二以上通过方可实施。股东大会进行表决时，持有本次发行的可转换公司债券的股东应当回避。

首先，只要在可转债存续期内，可转债发行公司均可以随时提出下调转股价，不一定非要在转股期内。事实上，越来越多的公司在可转债未进入转股期时就提出下调转股价，公司想让投资者转股的意向昭然若揭。事实上，亚泰转债的转股起始日是2019年10月23日，还未进入转股期，公司就提出了下调转股价的议案。

其次，亚泰转债下调转股价的前提条件是正股在连续三十个交易日内至少十五个交易日的收盘价低于当期转股价的90%。这里面有几个前提条件：一是连续三十个交易日；二是十五个交易日，并不要求是连续十五个交易日；三是正股的收盘价低于可转债当期转股价的90%。亚泰转债的初始转股价为17.49元，2019年7月23日正股派息除权，之后公司转股价下调至17.29元，因郑中设计在连续三十个交易日内十五个交易日股价低于15.56元（17.29×0.9），因此亚泰转债符合下调转股价条件。

除了像亚泰转债这种要求正股收盘价低于当期转股价90%的，其他可转债下调也是类似条款。比如大丰转债（113530）要求公司股票在任意连续三十个交易日中至少有十五个交易日的收盘价低于当期转股价格的85%；而泰晶转债（113503）要求公司股票在任意连续二十个交易日中至少有十个交易日的收盘价低于当期转股价格的90%。显然，低于90%比低于85%更容易实现，十个交易日比十五个交易日更容易实现。

最后，符合下调转股价条件不代表公司一定会下调转股价，毕竟提议下调转股价是公司董事会的权利，是否提议下调要看上市公司的转股意愿有多强烈。当然，董事会提出下调转股价议案后，要提交公司股东大会进行表决。在股东大会表决时，持有转债的股东无表决权，不管是持有1手还是1000手转债的股东，均无任何表决权。在股东大会表决时，要求出席股东大会股东所持表决权2/3通过才可以。

根据中国证监会颁布的《可转换公司债券管理办法》，上市公司可转债募集说明书约定转股价格向下修正条款的，应当同时约定：

（1）转股价格修正方案须提交发行人股东大会表决，且须经出席会议的股东所持表决权的三分之二以上同意，持有发行人可转债的股东应当回避；

（2）修正后的转股价格不低于前项通过修正方案的股东大会召开日前二十个交易日该发行人股票交易均价和前一个交易日均价。

除了以上两项强制条件之外，有部分可转债发行公司要求修正后的转股价格不得低于最近一期经审计的每股净资产值。最近一期经审计的每股净资产值是指最近一期年报发布时公告的每股净资产。对于上市公司PB在1倍左右的公司，如果下调转股价不能低于每股净资产，未来即使股价大跌，公司受限于每股净资产，也很难下调转股价。此时可转债基本就变成了债券，可转债的看涨期权价值丧失殆尽，此类转债以银行转债和国企类转债居多。

截至2023年10月16日，在已经上市的541只转债中，正股PB在1倍以下的转债中，共有41只转债下调转股价不能低于每股净资产。这些转债遇正股股价大跌，在PB为1倍以下是没有下调空间的，基本等同于债券，比如中信转债、浦发转债、吉视转债等，转债的上涨完全依赖正股的强势表现（见表4-1）。这类转债要突破净资产下调转股价，除非修改转债募集说明书，但是目前没有先例；或者通过商誉减值等降低每股净资产。对于这类转债，如果转债规模大、正股波动率低、转股溢价率高，笔者是不会持有的。以浦发转债为例，虽然价格低至107.798元，但是正股PB为0.3倍，转股价下修不能低于每股净资产，公司无法通过下修转股价促使转债投资者转股。同时，浦发转债的转股溢价率高达107.93%，也就是说，需要浦发银行上涨100%以上，浦发转债才可能具有转股价值。但是浦发银行的正股波动率仅为14.56%，那么如何指望浦发转债上涨1倍以上呢？是的，需要有奇迹出现。

第四章 可转债股性

表 4-1 正股 PB 低于 1 倍但下修转股价不得低于每股净资产的转债

代码	转债名称	价格（元）	正股名称	正股PB	转股溢价率（%）	正股波动率（%）
110059	浦发转债	107.798	浦发银行	0.3	107.93	14.56
113021	中信转债	110.776	中信银行	0.36	52.20	18.32
113042	上银转债	106.914	上海银行	0.4	84.44	11.83
128129	青农转债	102.751	青农商行	0.47	44.54	18.51
113056	重银转债	99.552	重庆银行	0.48	58.73	22.02
113052	兴业转债	106.245	兴业银行	0.49	57.53	27.65
113037	紫银转债	103.903	紫金银行	0.61	50.89	22.01
127018	本钢转债	121.89	本钢板材	0.9	22.87	27
110080	东湖转债	132.2	东湖高新	0.92	6.18	30
110064	建工转债	115.4	重庆建工	0.64	40.42	53.83
127047	帝欧转债	89.82	帝欧家居	0.876	90.56	34
128048	张行转债	115.7	张家港行	0.59	13.4	19
113516	苏农转债	110.1	苏农银行	0.517	28	17.9
110070	凌钢转债	118.667	凌钢股份	0.7	37.21	24
127032	苏行转债	119.644	苏州银行	0.58	20.66	20.93
113527	维格转债	119.14	锦泓集团	0.9	36	36.6
128130	景兴转债	118.88	景兴纸业	0.74	18.18	15.31
128034	江银转债	106.2	江阴银行	0.555	12.42	19.2
123049	维尔转债	103.88	维尔利	0.87	78.5	22.92
113044	大秦转债	117.39	大秦铁路	0.86	-0.11	16.96
128108	蓝帆转债	101.67	蓝帆医疗	0.687	163	24.54

可转债炼金术

续表

代码	转债名称	价格（元）	正股名称	正股PB	转股溢价率（%）	正股波动率（%）
110073	国投转债	110.67	国投资本	0.81	63.45	24.21
113017	吉视转债	105.56	吉视传媒	0.87	20.4	28.76
113050	南银转债	112.24	南京银行	0.51	28.3	17
127012	招路转债	126.97	招商公路	0.987	3.34	25.70
127033	中装转2	103.7	中装建设	0.83	28.2	38
113545	金能转债	116.86	金能科技	0.81	41.34	20.65
127024	盈峰转债	107.38	盈峰环境	0.91	78.75	19.82
110087	天业转债	106.514	新疆天业	0.83	56.72	35.29
128085	鸿达转债	79.94	ST鸿达	0.5	99	31
113065	齐鲁转债	102.7	齐鲁银行	0.52	34	15.6
127083	山路转债	112	山东路桥	0.58	44	30
127084	柳工转2	122.9	柳工	0.81	41	21
127040	国泰转债	113.15	江苏国泰	0.82	32	20
113024	核建转债	110.4	中国核建	0.81	46	22
113048	晶科转债	111.3	晶科科技	0.85	60	27
113609	永安转债	115.4	永安行	0.93	28	30
128026	众兴转债	107.2	众兴菌业	0.95	43	34
113066	平煤转债	126.36	平煤股份	0.96	11.5	32
113057	中银转债	133.5	中国银河	0.98	18.6	38
110088	淮22转债	122.6	淮北矿业	0.99	23.8	26

资料来源：集思录。

第四章 可转债股性

可转债下修流程

可转债下修流程一般包括五个阶段：下修条款触发、董事会提议下修、股东大会审议、公告是否下修转股价、实施下调转股价。

第一步，下修条款触发。根据交易所发布的可转债自律监管指引，上市公司应当在预计触发转股价格修正条件的5个交易日前及时披露提示性公告。触发转股价格修正条件当日，上市公司应当召开董事会审议决定是否修正转股价格，在次一交易日开市前披露修正或者不修正可转债转股价格的提示性公告，并按照募集说明书约定及时履行后续审议程序和信息披露义务。上市公司未按规定履行审议程序及信息披露义务的，视为本次不修正转股价格。以大族转债（128035）为例，根据其下修条款，当公司股票在任意连续30个交易日中至少有20个交易日收盘价低于当期转股价格的80%时，公司可提议下修转股价。截至2023年10月16日，公司股票收盘价已经在连续30个交易日中有15个交易日低于当期转股价格的80%，当日公司在交易所发布《关于大族转债预计触发转股价格向下修正条件的提示性公告》。同样在2023年10月16日，伟22转债（113652）和泰林转债（123135）当日正好触发转股价下修条件，伟22转债的正股伟明环保（603568）公告称公司决定不下修伟22转债的转股价格，而泰林转债的正股泰林环保（300813）则公告称董事会提议下修泰林转债的转股价格。

第二步，董事会提议下修。以亚泰转债为例，2019年8月27日，亚泰转债的正股郑中设计（002811.SZ）董事会提议下修转股价。随后，公司转债下修进入第三步，公司宣布将于2019年9月12日召开股东大会表决下调转股价议案，公司下调后的转股价不能低于股东大会召开前20个交易日的股票交易均价和前一个交易日均价之间的较高者。前20个交易日也就是2019年8月15日至2019年9月11日，20个交易日的股票交易均价用20个交易日的股票交易总金额除以股票交易总量。使用万得导出郑中设计2019年8月15日至9月11日的每日成交量和成交金额，最后得出郑中设计在股东大会召开日9月12日前20个交易日均价为14.46元。而郑中设计股东大会召开前1个交易日（9月11日）的交易均价为14.8元（15031300÷1015388）。因此，按照两个交易均价的较高者计算，亚泰转债本次下调转股价不得低于14.8元/股。同时，亚泰转债下调后转股价不得低于最近一期经审计的每股净资产值和股票面值。A股上市公司的股票面值一般为1元，最近一期的每股净资产一般是指上一年度年报公布的每股净资产值。以郑中设计为例，该公司2018年每股净资产为7.78元。亚泰转债下调转股价要求不能低于以下四个价格中的最高者，分别是：股东大会召开前20个交易日均价（14.46元）、股东大会召开前1日交易均价（14.8元）、最近一期经审计的每股净资产（7.78元）和股票面值（1元）。也就是说，亚泰转债下调后转股价不得低于每股14.8元，公司可以在14.8元和原转股价17.29元之间任意确定下调后的转股价。若定价为14.8元，就是将转股价下调到底；若下调后转股价高于14.8元，则表明公司未将转股价下调到底。

第三步，股东大会审议。郑中设计董事会最终决定将下调后的转股价确定为14.8元/股，也就是一调到底，这也表明了公司想促成转债投资者转股的想法。

第四步，公告是否下修转股价。2019年9月16日，郑中设计发布《关于向下修正亚泰转债转股价格的公告》，亚泰转债下修后转股价为14.8元。

第五步，实施下调转股价。本次转股价格调整实施日期为2019年9月16日。

根据交易所发布的可转债自律监管指引，上市公司决定修正转股价格的，应当及时披露转股价格修正公告。公告应当包括修正前的转股价格、修正后的转股价格、修正转股价格履行的审议程序、转股价格修正的起始时间等内容。上市公司不修正转股价格的，下一触发转股价格修正条件的期间从本次触发修正条件的次一交易日重新起算。

可转债下修历史

投资可转债与投资股票的不同在于，投资可转债可以通过下修转股价"作弊"，所以即使遇上"漫漫熊市"，通过下修转股价，投资者不仅可以减亏甚至还能盈利，而持有股票就只能"关灯吃面"。

可转债炼金术

以康泰转2（123119）为例，该转债的正股是康泰生物（300601.SZ），从2022年初至2022年11月1日下跌超50%。但是作为转债的康泰转2，其截至2022年11月1日的价格与年初基本持平，原因就在于2022年康泰生物两次下修转股价。2022年，作为康泰生物股票的投资者巨亏50%，而康泰转2的投资者基本毫发无损，原因就是康泰转2的投资者拥有下修转股价的"作弊"神器。

可转债下修多发生在熊市。截至2023年10月16日，全部挂牌的541只转债中，共有91只转债成功下修过转股价。按照行业分类来看，91家下修转股价的公司中有11家医药类公司、6家银行上市公司、7家建筑工程类公司、6家纺织服装类公司、5家造纸类公司、3家汽车零部件公司、5家环保类公司、3家电子元器件公司、6家化工类公司、5家电力设备类公司、7家金属材料类公司、6家通信与IT设备类公司、4家电视广播及燃气类公司等。上市公司发转债是为了融资，多数上市公司负债较高。从91家公司的有息负债率来看，正股平均有息负债率高达44%，所以高有息负债率的公司更容易下修转股价，毕竟还钱是要拿出真金白银的。从下修转债的评级来看，低评级转债更容易下修，91只转债中AAA评级公司下修的仅有6只，AA+评级公司下修的11只，也就是AA+评级以上下修的公司约占总下修公司的19%，而AA+评级以下下修的公司占总下修公司的81%。从公司下修转股价是否下修到底来看，共有20只转债没有下修到底，占比22%，超过78%的转债将转股价下修到底（见表4-2）。

第四章 可转债股性

表 4-2 可转债下修数据

转债名称	下修次数	下修情况	评级	所处行业	正股有息负债率（%）
亚药转债	3	未到底	B-	医药	75
康泰转2	2	到底	AA	医药	20
普利转债	2	到底	AA-	医药	45
奇正转债	2	到底	AA	医药	37
药石转债	1	到底	AA	医药研发	40
健帆转债	1	未到底	AA	医疗器械	35
万孚转债	1	未到底	AA	医疗器械	12
敖东转债	1	到底	AA+	医药	10
特一转债	1	到底	AA-	医药	29
北陆转债	1	到底	A+	医药	27
英特转债	1	到底	AA+	医药流通	49
江银转债	2	到底	AA+	银行	91
无锡转债	2	到底	AA+	银行	90
青农转债	1	到底	AAA	银行	91
紫银转债	1	到底	AA+	银行	93
齐鲁转债	1	到底	AAA	银行	93
杭银转债	1	到底	AAA	银行	94
铁汉转债	2	到底	AA	建筑工程	70
岭南转债	2	到底	AA-	建筑工程	57
中装转2	1	到底	AA-	建筑工程	44
全筑转债	1	未到底	B-	建筑工程	110
花王转债	1	到底	B-	建筑工程	76
岩土转债	1	到底	AA	建筑工程	49
亚泰转债	1	到底	AA-	建筑工程	29

可转债炼金术

续表

转债名称	下修次数	下修情况	评级	所处行业	正股有息负债率（%）
富春转债	1	到底	AA-	纺织服装	34
起步转债	1	未到底	B+	纺织服装	55
太平转债	1	到底	AA	纺织服装	23
维格转债	1	到底	AA	纺织服装	38
海澜转债	1	到底	AA+	纺织服装	23
孚日转债	1	未到底	AA-	纺织服装	42
开润转债	1	未到底	A+	箱包	33
鹤21转债	2	到底	AA	造纸	45
胜达转债	2	到底	AA-	纸包装	24
山鹰转债	1	到底	AA+	造纸	68
鹰19转债	1	到底	AA+	造纸	68
特纸转债	1	到底	AA	造纸	64
华锋转债	2	到底	A	汽车零部件	29
今飞转债	1	未到底	A+	汽车零部件	58
凯中转债	1	到底	AA-	汽车零部件	56
麒麟转债	1	到底	AA	轮胎	19
博世转债	3	到底	A+	水污染治理	66
百畅转债	1	到底	A+	固废处理	21
华宏转债	1	未到底	AA-	环保设备	25
迪龙转债	1	到底	AA	环保设备	10
国祯转债	1	到底	AA	污水处理	65
景20转债	1	到底	AA	印制电路板	30
明电转债	1	到底	AA-	印制电路板	19
艾华转债	1	到底	AA	电子元器件	17

第四章 可转债股性

续表

转债名称	下修次数	下修情况	评级	所处行业	正股有息负债率（%）
兴发转债	1	未到底	AA+	化工采矿	38
阿拉转债	1	到底	A+	化学制品	26
永22转债	1	到底	AA-	化学制品	55
洋丰转债	1	到底	AA	化工肥料	12
飞凯转债	1	到底	AA	化学材料	32
锦鸡转债	1	未到底	A+	化工	27
宏丰转债	1	到底	A	电力设备	51
利元转债	1	未到底	A+	电力设备	48
西子转债	1	到底	AA	火电设备	40
强联转债	1	到底	AA	风电设备	43
天能转债	1	到底	AA-	风电设备	40
鼎胜转债	1	到底	AA-	铝型材	52
豪美转债	1	到底	AA-	铝型材	54
顺博转债	1	未到底	AA-	铝型材	55
大业转债	1	未到底	AA-	金属制品	57
新星转债	1	到底	A+	金属材料	44
甬金转债	1	未到底	AA-	钢材	31
友发转债	1	到底	AA	钢材	40
永鼎转债	1	到底	AA-	通信设备	43
烽火转债	1	未到底	AAA	通信设备	39
新北转债	1	到底	AA	IT设备	31
思创转债	1	到底	BBB+	IT服务	58
淳中转债	1	到底	A+	IT设备	21
华亚转债	1	到底	A+	半导体设备	18

续表

转债名称	下修次数	下修情况	评级	所处行业	正股有息负债率（%）
兄弟转债	2	到底	AA	食品添加剂	32
众兴转债	1	到底	AA-	农业	45
佩蒂转债	1	到底	AA-	宠物食品	30
吉视转债	2	到底	AA+	电视广播	45
湖广转债	1	到底	AA+	电视广播	38
首华转债	1	到底	AA	燃气	34
贵燃转债	1	到底	AA	燃气	54
多伦转债	1	到底	AA-	软件开发	30
杭电转债	1	到底	AA	电缆	64
华兴转债	1	到底	AA	仪器仪表	17
泰福转债	1	未到底	A	水泵研发	35
未来转债	1	未到底	AA-	定制家居	43
永安转债	1	到底	AA-	智能出行	19
利民转债	1	未到底	AA	农药	44
华安转债	1	未到底	AAA	证券	74
天路转债	1	到底	AA	水泥	46
平煤转债	1	到底	AAA	煤炭	45
三力转债	1	到底	A+	橡胶制品	7
晶科转债	1	到底	AA	光伏发电	47

资料来源：集思录。

从可转债下修时间来看，根据集思录网友cgle9169的统计数据，所有的下修中有75%是在转债上市的前1.5年内完成的，尤其是前1年。笔者根据统计结果推断，从策略上看，在前1.5年内埋伏高溢价率的惰性债是有一定性价比的。

那么，对于投资者而言，博弈下修是不是一个高概率事件？根据统计数据，2018—2022年，每年下修的转债数量分别为21只、14只、9只、10只和46只，下修转债数量占当年转债数量的比例分别为19%、7.1%、2.7%、2.66%和9.9%（见表4-3）。可以看出，熊市时期（2018年和2022年）下修的转债数量较多，而牛市时期（2019—2021年）下修的转债数量较少。

表4-3　2018—2022年可转债下修数量

年份	下修转债数量（只）	全市场转债数量（只）	下修占比（％）
2018	21	110	19
2019	14	196	7.1
2020	9	329	2.7
2021	10	376	2.66
2022	46	465	9.9

资料来源：集思录。

可转债下修成败

可转债下修需要股东大会表决，虽然多数可转债在董事会提议下修后成功下修，但是也有个别可转债下修被股东大会否决。截至2023年10月16日，总计541只转债中，仅有福莱转债、众兴转债和博杰转债3只转债下修在股东大会表决时被否。下文以众兴转债为例进行分析。

2018年8月2日，众兴菌业股东大会否决众兴转债下调转股价的议案。以下是众兴菌业2018年8月的股东大会投票记录。

股东出席情况：出席本次股东大会的股东及股东授权委托代表共计234人，代表股份19,134,983股，占上市公司总股份的5.1256%。中小股东出席的总体情况：通过现场和网络投票的股东229人，代表股份14,596,597股，占上市公司总股份的3.9099%。

总表决情况：同意9,733,560股，占出席会议所有股东所持股份的50.8679%；反对9,401,323股，占出席会议所有股东所持股份的49.1316%。

表决结果：持有众兴转债的股东回避了对该议案表决。该项议案未获得出席会议的有效表决权股份总数的2/3以上通过。

从投票记录可以看出，众兴转债下调转股价可以说是被一小撮小股东给搅黄了。而这次投票大股东基本没有参与，主要原因就是众兴转债自2018年1月起一直表现低迷，大股东陶军和田德持有的38%的转债一直未能减持套现，因此也就没有表决权。

众兴转债于2015年上市，通过IPO（首次公开募股）、定向增发和发行可转债总共融资约25亿元，2019年4月11日公司还宣布购买6亿元的银行理财，所以公司并没有那么缺钱。但是融来钱谁又愿意还给市场呢？2023年，众兴转债依然未能强赎退市。眼看众兴转债将于2023年12月13日到期退市，公司董事会于2023年9月28日再次提议下修转股价；后于2023年10月16日股东大会上表决通过，虽然众兴转债成功将转股价下修到底，但因为距离转债到期日仅剩两个月，此

第四章 可转债股性

时转债几乎没有了看涨期权价值。在2023年熊市中，即将到期的众兴转债并无优异表现，并越来越接近到期赎回价106元，上市公司难逃最终还钱的命运。

下修失败会导致转债下跌。众兴转债下修失败次日下跌4%，福莱转债下修失败次日下跌2%，博杰转债下修失败次日下跌8.58%。如果公司董事会提议下修，则下修成功会提高转股价值，一般公司提议下修次日转债会上涨1%~5%。

根据监管要求，触发转股价格修正条件当日，上市公司应当召开董事会审议决定是否修正转股价格，并在次一交易日开市前披露修正或者不修正可转债转股价格的提示性公告。在很多公司的提示性公告中，公司都会声明在未来几个月内不会下修转股价。大盘惰性转债转股溢价率高且波动率低，若其在未来几个月内不下修，投资者在投资时可以规避，除非投资者强烈看好正股表现。以韦尔转债（113616）为例，该转债剩余规模24.3亿元，2023年10月19日韦尔转债的转股溢价率高达85%，转债年化波动率为10.4%，属于典型的大盘惰性转债；2023年10月19日，公司公告称不下修转股价，且在2024年4月18日前不下修。对于想投资韦尔转债的交易者而言，除非强烈看好正股大涨，否则在2024年4月18日前没有交易韦尔转债的必要。

第五章

可转债转股

转股套利

在可转债进入转股期后，投资者有权将转债转为股票。转股权是投资者的权利而非义务，那么投资者在什么条件下会心甘情愿地把转债转为股票？当转股溢价率为负时，在不考虑股价波动的情况下，将转股溢价率为负的转债转为股票，投资者可获利。

以润达转债（113588）为例，假设投资者在2023年11月3日以收盘价156.895元买入润达转债，此时润达转债的转股溢价率为-0.66%。假如投资者买入1000张润达转债，在不考虑佣金的情况下，买入1000张润达转债的成本是156895元，润达转债转股价为13.1元，当日收盘前投资者将1000张润达转债转股为正股润达医疗（603108.SH），总共可转股票7633股。当日润达医疗收盘价为20.69元/股，以此价格计算，润达转债转股后的市值是157926元，转股后的润达医疗股票相比于买入润达转债的成本，投资者可以盈利0.66%。考虑到买入润达转债的佣金约为十万分之四点四，卖出润达股票的佣金为万分之一点一六，卖出股票的印花税为万分之五，因此买卖总计成本为万分之六点六。扣除该成本后，投资者在润达转债转股后（不考虑股价波动的假设前提下）可以盈利0.594%。

那么在实际操作转股套利时，有哪些需要注意的事项？

第一，转债投资者可通过集思录实时查看数据，只有转债的转股

第五章 可转债转股

溢价率为负时才可买入转股，这是转股套利的基本前提。

第二，转债只有进入转股期才可以转股；否则即使买入转债，也无法转股。有一种例外的情况，就是转债的转股溢价率折价很高，此时投资者可以通过融券做空正股，在成本已定的情况下，进入转股期后再双向平仓获利。假设某转债转股溢价率为-10%，还有两个月才进入转股期，但是投资者可融券做空正股，融券利率为年化5%。此时投资者可买入转债，同时做空相同市值的正股，在两个月后转债进入转股期，投资者可将转债转股后还券平仓。在不考虑佣金的前提下，投资者盈利约5%。

第三，投资者当日买入转股，在第二个交易日才能转为正股，所以对投资者而言有隔夜持仓风险。具体转股流程是投资者买入转债后，在券商软件下找到"转股回售"菜单，选择"可转债转股"，输入转股代码（与转债代码相同）和转股数量，点击确定后即可转股，当晚券商清算完毕后投资者即可在券商账户下查看到所转正股。投资者在选择转股以后，假设转债价格相比买入价上涨了，投资者也可以不转股直接卖掉，无须取消转股；也就是说，即使投资者选择将可转债转股以后，当天还可以随时卖出。当然，投资者在转股当日的交易时间内也可以撤销转股。

第四，投资者当天若准备进行转股套利，可提前进行转股操作，免得在收盘前手忙脚乱，因为即使当日没有买入转债，也没有影响。

转股套利的风险

对于投资者而言，可转债转股套利的最大风险就是隔夜持仓股票的风险，而如何规避或减少这种风险，就成为可转债转股套利的核心问题。具体有以下几种模式：

第一种属于无风险套利模式。这种模式需要转债的正股是两融标的，并且转债投资者可从所在券商成功融券。当转债转股溢价率为负时，投资者可买入转债转股，同时融券做空相同金额的正股。只要扣除佣金后仍有利润，就是无风险套利模式。历史上中行转债曾经长时间转股溢价率为负，投资者可通过此种模式循环套利。但是此种无风险套利机会很少，因为两融账户极难找到券源。

第二种模式是投资者本来就持有正股，属于长期持股，此时若正股所发行的转债转股溢价率为负，投资者可卖出正股，同时买入同等金额的转债转股。此种模式下，投资者通过转股操作可降低自己的持股成本。因为投资者本来就要长期持有正股，所以并不介意短期正股波动，但是可通过不断转股卖出降低持仓成本。

第三种模式是当投资者发现转债转股溢价率为负时，投资者直接买入转债转股，然后在下一个交易日卖出正股。这种模式显然要承担持有正股的隔夜风险，对于转股的投资者来说风险较高。那么有没有方法可以降低此种风险？或者说有没有方法判断哪种情况下适合转股套利，而哪种情况下不适合转股套利？经过实践总结，有如下经验分享：

第五章　可转债转股

（1）一般买入转债进行转股套利均在当日收盘前10分钟以内操作，这样可以尽量减少转债带来的波动风险。当然，如果收盘前转债价格上涨，转股溢价率转正，也可直接卖出转债。

（2）转债市值占正股流通市值较小的转债，较适合"裸套搬砖"[①]。因为转债市值占正股流通市值低，转股套利后第二日对正股的冲击较小；相反，如果转债市值占正股流通市值较高，这类转债不适合转股套利。一般将转债市值占正股流通市值比例在10%以下视为占比较小。以润达转债为例，截至2023年11月3日，该转债流通市值占比为3.81%，按照该标准可以进行转股套利。集思录上有该类数据供投资者参考。

（3）转股套利要参考当时的市场气氛。牛市时期股市整体处于上升趋势，可容纳更多的增发股票，可转债转股基本等同于上市公司增发股票，适合操作；而熊市时期，市场氛围差，接盘能力弱，不太适合做转股套利。有人会问，牛市炒股不是赚更多吗，何必辛苦做转股套利？转股套利不仅可以赚到折价收益，牛市时期还可以赚到股票上涨收益。

（4）对于转股溢价率折价较大的转债，很多时候转股套利会遭遇陷阱。因为折价越大，意味着投资者转股后获利比例越高，结果就是转股的人众多，导致正股在第二个交易日开盘即重挫，削平折价导致投资者无利可套。关于此类转债，投资者尤其要关注转债市值占正股

---

① 裸套搬砖是指当可转债转股溢价率为负数时，投资者买入转债直接转股，然后在转股次日卖出正股。

流通市值的比例，同时要考虑当时的市场氛围。

（5）投资者进行转股套利时可关注正股的波动率，对于波动率较大的正股要慎重，波动率较小的正股稳定性反而较好。对于当日涨停的正股进行转股套利，需要关注正股的封盘量，也就是封成比数据。若封成比低于1，则第二日正股开板或开盘下跌概率较高。

第六章
可转债债性

可转债炼金术

可转债利息

可转债首先是一种债券,与普通债券一样,投资者每年会收到利息,到期若没有转股,公司也会还本付息。一个6年到期的转债,其每年的利息是从低到高,第一年最低,最后一年最高。以希望转债(127015)为例,根据转债的募集说明书,希望转债在存续的6年时间内每年利率如下:第一年0.20%,第二年0.40%,第三年0.80%,第四年1.20%,第五年1.60%,第六年2.00%。

相比普通债券,因为可转债附有转股权利,所以可转债每年的利率较低,前3年的利率尤其低。与股票分红相同,可转债派息也会同步除权。个人证券账户持有转债,转债派息需要缴纳20%的所得税,由券商代扣代缴。机构户(含普通公司)证券账户持有转债,转债派息时不在券商端代扣代缴所得税,由机构自行申报。

对于一只转债而言,在存续期6年时间内,转债本金加所能收到的利息总和,可视为一只转债的债底。以希望转债为例,希望转债在6年时间内每张可收到6.2元利息,加上到期赎回价106元(含最后一期利息),希望转债在6年内可收到利息10.2元,也可以简单认为希望转债的债底为110.2元。假设投资者在希望转债上市时以110.2元以下买入,在不考虑派息所得税的情况下,持有6年时间不会亏损。

那么转债上市后会不会跌破其纯债价值(面值+利息总和)?作

为长期债券来看，显然二级市场会跌破纯债价值，长债的二级市场交易价格不仅受评级影响，还受市场利率变动趋势影响。截至2023年11月3日，在全部上市的541只转债中，到期税前收益率为正的转债总计202只，占比高达37%。其中除了10只短债（到期日为一年左右），其余192只转债的剩余年限平均约为4年，平均转股溢价率为75%。也就是说，这192只长债的股性较差、看涨期权价值较低，此时主要表现为债券价值，作为长债来讲，债券收益率波动较大。

当市场处于熊市时，可转债价格持续下跌，不少转债的到期税前收益率为正甚至高于银行理财或存款收益，此时买入可转债对投资者而言风险较低，投资者获得了债底保护。截至2023年11月6日，共有31只转债的到期税前收益率超过3%（见表6-1）。当然，买入到期税前收益率为正的转债，要参考转债的评级后确定，对于低评级转债，低风险投资者应该回避。

可转债评级

一只转债要发行上市，需要由评级公司（由发行转债的公司聘请）对其进行评级，包括主体信用评级和债券信用评级。主体信用评级是针对发行公司的信用评级，债券信用评级则是针对可转债本身的信用评级。

新发行转债的最低评级为A，最高评级为AAA。以新世纪评级公司的评级等级为例，该评级公司关于主体和中长期债券信用等级规则

表6-1 到期收益率3%以上的转债

代码	转债名称	现价（元）	转股溢价率（%）	纯债价值（元）	债券评级	正股波动率（%）	剩余年限（年）	到期税前收益率（%）
128085	鸿达转债	84.1	133.21	46.42	CC	34.54	2.112	20.28
113576	起步转债	95.616	10.00	57.3	B+	31.50	2.427	9.79
113595	花王转债	98.389	6.99	45.63	B-	41.74	2.707	8.77
123044	红相转债	102.55	198.36	102.79	A+	45.42	2.348	8.19
127047	帝欧转债	88.599	80.44	87.41	A+	34.36	3.97	8.01
110072	广汇转债	92.507	92.17	104.31	AA+	22.79	2.784	7.69
123049	维尔转债	104.748	74.90	101.59	A+	22.38	2.436	6.72
123096	思创转债	102.921	-0.40	57.31	BBB-	44.64	3.225	5.82
113596	城地转债	96.426	188.09	81.35	A-	45.18	2.726	5.58
127019	国城转债	98.99	95.22	104.03	AA	30.91	2.69	5.24
113589	天创转债	99.762	148.70	92.56	A+	37.74	2.633	5.04
128138	侨银转债	117.42	164.17	114.78	AA-	23.61	3.033	4.96
127061	美锦转债	99.949	83.05	95.32	AA-	27.28	4.458	4.92
113601	塞力转债	105.095	55.18	90.64	A	49.92	2.792	4.64
113578	全筑转债	104.242	0.47	47.34	B-	42.06	2.455	4.64

续表

代码	转债名称	现价(元)	转股溢价率(%)	纯债价值(元)	债券评级	正股波动率(%)	剩余年限(年)	到期税前收益率(%)
118020	芳源转债	104.447	120.87	86.34	A+	39.48	4.885	4.33
128108	蓝帆转债	100.999	156.67	102.67	AA	23.29	2.559	3.94
118000	嘉元转债	105.959	149.59	99.95	AA-	30.76	3.301	3.93
123126	瑞丰转债	111.327	100.07	95.18	A+	25.66	3.847	3.89
123056	雪榕转债	108.768	105.90	103.12	AA-	36.95	2.633	3.54
128127	文科转债	108.201	23.97	86.2	A-	27.73	2.789	3.53
123132	回盛转债	105.3	94.01	95.46	AA-	23.17	4.115	3.43
113610	灵康转债	108.503	65.18	94.78	A+	35.49	3.071	3.42
128124	科华转债	99.44	132.44	88.08	A+	29.80	2.726	3.37
113569	科达转债	109.89	147.08	99.14	A+	43.80	2.34	3.34
113608	威派转债	109.556	147.80	95.6	A+	37.77	3.011	3.28
113624	正川转债	107.991	143.77	91.95	A+	24.55	3.477	3.26
127033	中装转2	104.535	26.43	96.01	AA-	33.95	3.444	3.21
113037	紫银转债	104.865	53.51	105.02	AA+	22.02	2.712	3.12
128129	青农转债	101.915	58.70	102.45	AAA	15.17	2.803	3.07
113042	上银转债	109.219	77.17	109.6	AAA	12.38	3.222	3.02

资料来源：集思录。

来源于中国人民银行《信贷市场和银行间债券市场信用评级规范》，总共分为9个等级，如表6-2所示。

表6-2 新世纪评级公司评级标准

信用等级	含义
AAA	偿还债务的能力极强，基本不受不利经济环境的影响，违约风险极低
AA	偿还债务的能力很强，受不利经济环境的影响不大，违约风险很低
A	偿还债务的能力较强，较易受不利经济环境的影响，违约风险较低
BBB	偿还债务的能力一般，受不利经济环境的影响较大，违约风险一般
BB	偿还债务的能力较弱，受不利经济环境的影响很大，违约风险较高
B	偿还债务的能力较大地依赖于良好的经济环境，违约风险很高
CCC	偿还债务的能力极度依赖于良好的经济环境，违约风险极高
CC	在破产或重组时可获得保护较小，基本不能保证偿还债务
C	不能偿还债务

注：除AAA、CCC（含）以下等级外，每一个信用等级可用"+""-"符号进行微调，表示略高或略低于本等级。
资料来源：新世界评级公司官网。

不同评级的公司，发行可转债的利息成本差异较大。以AAA评级和A评级公司为例，中银转债（113057）的主体和债券评级均为AAA，其6年内含到期赎回价的总利息是每张10元；金钟转债（123230）的主体和债券评级均为A，其6年内含到期赎回价的总利息是每张20.3元。后者利息总成本是前者的一倍多，这是由两者还本付息能力不同导致的。

评级公司对于其负责评级的可转债，不仅要在发行时进行评级，也要在存续期间每年进行跟踪评级，若公司的信用状况发生变化，评级公司可降低或调升转债评级。以思创转债（123096）为例，2023

第六章 可转债债性

年11月2日公司公告称,负责公司转债评级的中证鹏元评级公司下调思创医惠主体及思创转债信用等级,将公司主体信用等级及思创转债信用等级由 BBB+ 下调至 BBB-,评级展望维持负面。主要原因是正股思创医惠(300078.SZ)公司业绩持续亏损,资产面临减值风险,同时可动用的货币资金较少,后续面临流动性压力和偿债压力;公司因财务造假、内部治理、信息披露等而收到监管告知书,面临大额罚款支出风险,仍可能存在一定的合规隐患,行政处罚使得公司或将面临投资者索赔等法律诉讼风险,后续募集资金存在被冻结的可能。

截至2023年11月7日,总共有8只转债的评级在A以下,属于信用风险较高的转债(见表6-3)。其中2只转债为退市转债,4只转债的正股为ST公司。因为评级低,纯债价值最低为40.44元,最高仅69.71元。对于此类转债,投资者不能只关注到期税前收益率,还要关注其违约风险。

可转债担保

《上市公司证券发行管理办法》[①]规定,公开发行可转债,应当提供担保,但最近一期末经审计的净资产不低于人民币15亿元的公司除外。如果公司最近一期的净资产低于15亿元,则必须在发行时提供担保。提供担保的方式有多种,包括质押担保、抵押担保、一般保证担保和连带责任保证担保等。担保范围包括转债的本金及利息、违约金、

---

① 《上市公司证券发行管理办法》已废止,《上市公司证券发行注册管理办法》于2023年2月17日起施行。

表6-3 有违约风险的转债

代码	转债名称	现价(元)	正股名称	转股价值(元)	转股溢价率(%)	纯债价值(元)	债券评级	剩余规模(亿元)	到期税前收益率(%)
404002	搜特退债	19	*搜特3	20	-5.00	40.44	CC	7.84	122.26
404001	蓝盾退债	47.948	R蓝盾1	81.82	-41.40	63.46	CC	0.97	163.27
128085	鸿达转债	84.129	ST鸿达	36.32	131.65	46.49	CC	3.371	20.29
128062	亚药转债	115.071	亚太药业	114.01	0.93	69.71	B-	7.886	1.08
113578	全筑转债	103.571	*ST全筑	102.81	0.74	47.4	B-	2.769	4.93
113595	花王转债	98.056	ST花王	90.85	7.93	45.68	B-	2.56	8.92
113576	起步转债	95.147	ST起步	86.92	9.46	57.36	B+	2.656	10.03
123096	思创转债	102.88	思创医惠	103.33	-0.44	57.36	BBB-	8.052	5.84

资料来源：集思录。

第六章 可转债债性

损害赔偿金和实现债权的费用。以保证方式提供担保的，应当为连带责任担保，且保证人最近一期经审计的净资产额应不低于其累计对外担保的金额。

上市公司在发行转债时提供担保，实际上是一种增信发行形式。截至2023年11月7日，A股总计541只可转债中，有62只转债在发行时设置了担保，占比11.5%（见表6-4）。设置担保的可转债主要是低评级转债，只有2只评级为AAA的转债设置了担保，分别为本钢转债和神马转债；评级为AA+的转债也仅有2只设置了担保，分别为海环转债和联泰转债；评级为AA的转债中有3只设置了担保，分别为华统转债、华正转债和天箭转债；其余55只转债是AA-、A+、A和B-评级的转债。

另外，设置担保的转债主要是发行规模较小的转债。除了本钢转债和神马转债外，其余60只转债的平均发行规模仅为3.5亿元。

表6-4 可转债担保情况 单位：亿元

代码	名称	担保形式	评级	剩余规模
128056	今飞转债	富源金飞房地产公司连带责任保证担保	A+	1.719
113595	花王转债	花王集团不可撤销连带责任保证担保	B-	2.56
113628	晨丰转债	股权质押担保	A	4.149
128082	华锋转债	资产抵押和股份质押担保	A	2.014
128120	联诚转债	实际控制人提供股票质押担保和保证担保	A	2.597
128143	锋龙转债	股票质押担保	A+	2.436
113561	正裕转债	股票质押担保	A+	1.42

可转债炼金术

续表

代码	名称	担保形式	评级	剩余规模
127065	瑞鹄转债	公司资产抵押担保和实际控制人保证责任	A+	1.933
113594	淳中转债	实际控制人提供连带责任保证担保	A+	2.997
128091	新天转债	房产抵押和股份质押	A+	1.523
113600	新星转债	股份质押担保	A+	4.53
113593	沪工转债	控股股东不可撤销的连带责任保证担保	A+	3.997
111012	福新转债	实际控制人提供保证担保	A+	4.287
111008	沿浦转债	实际控制人提供连带责任保证担保	A+	3.839
113566	翔港转债	股份质押和保证	A+	1.613
113546	迪贝转债	连带责任保证	A+	2.297
113610	灵康转债	实际控制人提供保证担保	A+	4.579
128070	智能转债	股份质押和保证	A+	2.291
128118	瀛通转债	股票质押担保	A+	2.996
127079	华亚转债	实际控制人提供连带责任保证担保	A+	3.4
113573	纵横转债	实际控制人提供保证担保	A+	2.698
113608	威派转债	股份质押和连带责任担保	A+	4.2
127087	星帅转2	股份质押担保	A+	4.629
127081	中旗转债	连带责任保证担保	A+	5.4
113668	鹿山转债	实际控制人提供连带责任保证担保	A+	5.24
128072	翔鹭转债	股份质押和连带责任担保	A+	3.016
113624	正川转债	实际控制人提供连带责任保证担保	A+	4.049
113574	华体转债	股份质押和保证	A+	2.087

第六章 可转债债性

续表

代码	名称	担保形式	评级	剩余规模
127080	声讯转债	实际控制人提供连带责任保证担保	A+	2.799
113591	胜达转债	股票质押担保	A+	4.743
113535	大业转债	股票质押担保	A+	4.442
128049	华源转债	实际控制人提供连带责任保证担保	AA-	3.608
128042	凯中转债	大股东质押股票和连带责任保证	AA-	4.153
113597	佳力转债	股票质押担保	AA-	2.98
113649	丰山转债	土地房产设备等资产抵押提供担保	AA-	4.993
113598	法兰转债	实际控制人股票质押担保	AA-	2.752
113664	大元转债	股份质押担保	AA-	4.5
111013	新港转债	股份质押担保	AA-	3.688
128138	侨银转债	实际控制人提供连带责任保证担保	AA-	4.199
113665	汇通转债	股份质押担保	AA-	3.6
113606	荣泰转债	实际控制人提供连带责任保证担保	AA-	5.999
113577	春秋转债	股份质押和保证	AA-	1.777
128066	亚泰转债	亚泰一兆投资公司连带责任保证	AA-	4.61
128125	华阳转债	股份质押和保证	AA-	4.498
113565	宏辉转债	实际控制人担保	AA-	2.248
128117	道恩转债	山东道恩钛业提供保证担保	AA-	3.583
128025	特一转债	大股东质押股票和个人连带责任保证	AA-	1.277
127051	博杰转债	实际控制人担保	AA-	5.259
128123	国光转债	股份质押和保证	AA-	3.199

续表

代码	名称	担保形式	评级	剩余规模
113618	美诺转债	实际控制人担保	AA-	4.767
111016	神通转债	股份质押担保	AA-	5.77
111005	富春转债	股份质押担保	AA-	5.699
113524	奇精转债	大股东质押股票和个人连带责任保证	AA-	3.297
111003	聚合转债	股份质押担保	AA-	2.037
113646	永吉转债	实际控制人提供连带责任保证担保	AA-	1.383
113526	联泰转债	大股东广东省联泰集团担保	AA+	1.927
113532	海环转债	控股股东福州水务提供担保	AA+	4.585
128106	华统转债	连带责任担保	AA	2.868
113639	华正转债	实际控制人提供连带责任保证担保	AA	5.699
127071	天箭转债	实际控制人提供连带责任保证担保	AA	4.949
127018	本钢转债	本钢集团连带责任保证担保	AAA	56.31
110093	神马转债	实际控制人提供连带责任保证担保	AAA	30

资料来源：集思录。

上市公司在发行转债设置担保条款时，主要有三种形式：

第一种是单纯的连带责任担保，由独立于上市公司的其他公司承担担保责任，包括第三方公司、上市公司同系公司和上市公司的大股东。例如今飞转债就是由上市公司同系公司富源金飞房地产公司提供担保，鹿山转债则是由实际控制人提供连带责任保证担保。

第二种是由上市公司大股东以质押上市公司股票的形式提供担保，例如千禾转债由大股东伍超群质押其持有的千禾味业为转债提供担保。这种担保形式一般都是大股东将股票质押给发行转债的保荐机构，由保荐人代表转债持有人作为质权人行使权利。大股东质押的股票市值一般是转债发行总额的200%；若股票下跌至转债发行总额的150%，还会要求大股东追加担保。

第三种是混合形式，由大股东提供上市公司股票质押担保，大股东本人还承担连带责任担保。例如威帝转债就是由大股东陈振华在提供股票质押的同时承担连带责任保证。这种担保可以说把大股东的身家性命完全绑定在转债上。

虽然提供担保的主要是低评级转债，但是通过股票质押和第三方公司担保等形式的加持，可以说低评级转债的实际评级可能并没有想象中的那么差。

对于上市公司为转债发行提供担保的增信措施，就上市公司的性质而言，国有资本控股的上市公司显然比民营资本控股的上市公司信用更好，这是由中国的国情决定的。所以投资者应该综合来看转债的评级，包含关注评级本身、担保和是否国资控股等因素。

同时，投资者要注意，提供了担保的转债只是增加了增信措施，并不代表万无一失。因为担保的公司本身也可能出问题。以花王转债（113595）为例，花王转债发行时由花王集团提供不可撤销连带责任保证担保，但是因为资不抵债，花王集团于2023年也陷入了破产重整的境地。花王转债被下调为B-级，上市公司ST花王（603007.SH）和花王集团全部进行破产重整。

上市公司减资清偿

《中华人民共和国公司法》(以下简称《公司法》)第一百七十七条规定,公司需要减少注册资本时,必须编制资产负债表及财产清单。公司应当自作出减少注册资本决议之日起十日内通知债权人,并于三十日内在报纸上公告。债权人自接到通知书之日起三十日内,未接到通知书的自公告之日起四十五日内,有权要求公司清偿债务或者提供相应的担保。①

公司减少注册资本,作为债权人的可转债投资者,有权要求公司提前清偿转债债务。当公司转债价格高于面值加利息时,转债持有人无清偿动力;但是当转债价格低于面值时,转债持有人有清偿动力。公司除了回购转债之外,还可以通过下修转股价等手段避免投资者提出清偿。

以思创转债(123096)为例,思创转债的发行公司是思创医惠(300078.SZ)。思创医惠于2023年5月18日召开股东大会,审议通过了《关于公司2019年股票期权与限制性股票激励计划部分股票期权注销和部分限制性股票回购注销的议案》和《关于减少注册资本并修订〈公司章程〉的议案》。公司拟回购注销2019年股票期权与限

---

① 新修订的《公司法》于2024年7月1日起施行,原《公司法》第一百七十七条与新《公司法》第二百二十四条基本一致。本书出现的《公司法》第一百七十七条均表示新《公司法》第二百二十四条。

第六章 可转债债性

制性股票激励计划已授予但尚未解锁的4492000股限制性股票。上述回购注销限制性股票完成后，公司注册资本将由863767466元减至859275466元。因为回购注销股票涉及减少公司注册资本，思创医惠公告通知债权人有权要求公司清偿债务或者提供相应的担保。根据公司公告，债权人可于2023年5月18日至7月2日通过现场递交、邮寄或电子邮件方式向公司提交资料申报债权。

根据集思录网友吹神神收到的思创医惠的清偿邮件，公司拟按照每张100.54元（面值加利息）回购投资者持有的思创转债，并于2023年8月10日至11日通过中国结算以场外签订协议方式现场办理清偿事宜。

2022年4月底，思创医惠发布2022年年报，被审计师出具保留意见，随后被评级公司中证鹏元下调思创医惠主体及思创转债信用等级，思创转债于5月12日大跌11%，最低报价86.3元。大幅低于面值的思创转债遇上减资清偿，此时转债投资者可向公司申报要求清偿思创转债。思创转债的剩余规模约为8亿元，对于公司而言，显然是不太愿意投资者申报清偿的。在清偿压力之下，公司于2023年7月15日提议下修转股价，随后于2023年7月21日将转股价从8.28元下修至4.5元，思创转债转股价值提升至96.22元，思创转债二级市场交易价格上涨至102元以上。

对于转债投资者而言，若上市公司存在减资清偿事项、转债在面值以下，是可以进行套利的。需要注意的是，减资清偿不同于回售，需要提交资料，通过协议办理，证监会和交易所没有规定具体流程和清偿办法。对于投资者而言，清偿不是终极目的，促使上市公司下修转股价，让转债回到面值以上才是正道。

那些年，和上市公司死磕《公司法》第一百七十七条的故事[①]

《公司法》第一百七十七条规定，公司需要减少注册资本时，必须编制资产负债表及财产清单。公司应当自作出减少注册资本决议之日起十日内通知债权人，并于三十日内在报纸上公告。债权人自接到通知书之日起三十日内，未接到通知书的自公告之日起四十五日内，有权要求公司清偿债务或者提供相应的担保。

注意这里没有要求一定是上市公司，非上市公司减资同样适用。但对于非上市公司，债主一般会自己去找公司沟通，沟通的结果也不公布，所以投资者并不知情。

上市公司减少注册资本是经常的事情，回购股份注销或者注销股权激励股份都会导致减资。有些公司法律意识不足，减资后被债主找上门要求提前清偿，这时公司又没钱清偿。这些年我了解过不少因公司减资而造成债务清偿纠纷的故事，下面挑几个有趣的当年债主找公司逼债的故事说一说。

我碰到的第一次上市公司减资纠纷是关于桐昆股份的。这个公司

---

① 本部分由集思录网友candycrush撰写，已获其授权。candycrush在债券和可转债市场具有丰富的投资经验，被集思录网友称为"债王"。

第六章 可转债债性

现在是资本市场的老手了，公司债、可转债、可交换债发了一轮又一轮。当年公司还很"青涩"的时候，有一年因为回购注销股份减资，按照规定发布了一则公告，即《公司法》规定的那种通知债权人的公告。当时公司在市场上有一只公司债12桐昆债，那个时候债券市场还没有现在这么多违约情况，票面利率5.85%的公司债，公司运转良好，市场价一直都在面值以上。

本来这样的公告很常见，可是没想到证券市场大波动，资金极度紧张，股指连续跳水，附带市场利率高企，波及债券市场。偏偏桐昆股份在这个时候发了一则公告，而12桐昆债又跌破了发行价，恰好有一个持有12桐昆债的机构真的去找公司申报债权，要求在指定时间以指定价格提前清偿。上市公司哪见过这场面啊，明明说好的发行5年期公司债，怎么提前要我清偿呢？这不是不讲"债德"吗？

当时公司债没什么散户，都是上市公司、承销商，接盘的基金或理财关系很好的才能拿到货。这下双方谈崩了，一方坚持要提前清偿；另一方觉得钱是小事，不能受到这种侮辱。就这样闹了几个月，上市公司还得定期发公告，让大家一直看笑话。交易所也看不下去了，限定上市公司必须拿出方案。上市公司坚持不给钱，决定不减资，可是股份回购都做完了，不注销总不能再卖了吧！上市公司召开董事会，决定把这笔回购的股份作为股权激励，授予公司员工，并作废了之前申报债权的公告。那个机构吃了哑巴亏，后来好像还闹着要打官司。其实拖了几个月以后，市场利率早就恢复正常了，债券价格也超过面值，于是就这么不了了之了。

可转债炼金术

后来还有很多上市公司减资，因为市场利率正常了，所以也没有听说机构追着上市公司提前清偿的故事了。我真正见识到的第一起因为上市公司减资而导致债券提前清偿的故事发生在2018年，这个时候市场上已经发生过多起债券违约的案例。经历了多年的债券牛市也终于走向拐点，甚至还发生过国债代持而不认账的"萝卜章"事件。详细经过此处不再赘述，反正那次事件导致国债期货开张以来头一次全部跌停。至于企业债、公司债，跌破面值的比比皆是（注意仅是跌破面值，不像现在是腰斩腰斩再腰斩）。

有一家上市公司叫掌趣科技，因为减资也发布了一则申报债权的公告。当时公司发行的16掌趣01已经两年多了，眼看不到一年就可以回售了，公司债券价格在面值以下很长时间了，公司也做好了全部回售的资金准备。在这种情况下，发布申报债权的公告对公司影响也不太大。公司早就跟各机构沟通过了，如果要提前清偿，绝对没有问题。可是问题来了，因为是上市公司债券，交割过户由中国结算办理，不像民间债务那样，你申请清偿，我给你钱就两讫了。申报债权属你情我愿，中国结算可没有办法决定注销哪家机构的债券，把资金划给哪家机构。后来上市公司和机构商议了一个办法，即召开债券持有人会议，议案就是公司给债权人增加一次回售的权利，所以本来还有9个月回售的债券临时增加了一次回售机会。这样一来，愿意申报回售的就可以提前拿到钱了。当时我看到这个临时会议议案后果断全仓抢购市场上的16掌趣01，前一天市场价93元的债券，开盘直接到97元以上，随后稳定在99元以上。后来毫无悬念，议案通过了，资金也

第六章 可转债债性

安全回来了。

因为2016年利率大放水,2018年大部分债券跌破面值,后来又有一只公司债11报喜02,也用同样的方式召开临时债权人会议增加一次回售,解决了减资申报债权的难题。因为这只债券到期时间更短,所以市场价格离面值太近,盈利不多。

尝到了几次甜头之后,我的胆子越来越大,天天研究哪家上市公司要减资。有一天我又看到一家上市公司新文化,市场上发行的债券是16文化01,还有一年多到期,市场价才85元。我心里想,就算不减资,这个投资也很划算啊!但是我只看到减资公告,没看到召开债券持有人会议的公告。于是我打电话过去问问情况。公司开口就问:"您是哪家机构啊?"我估计公司私下已经和各大机构打好招呼了。紧接着我又买了几百张债券。后来这个公司也联系过我,虽然明确表示承认我的申报债权,但没有说什么时候给钱,也没有开会或者回售的打算;再后来又说减资还在走手续,等减资完成会出公告的。我不想再等了,找了个机会"割肉"了。第二年到回售期,公司果然很不痛快地又延期了一些回售资金。这件事给我的教训是上市公司如果不想给钱,总能寻找各种借口。

真正让我吃到苦头的是天神娱乐,就是那个跟巴菲特一起吃饭的朱晔的公司。当时我看到公司发布减资公告,还专门买了一些债券,准备材料、申报债权。结果石沉大海,接电话的人员一问三不知。当然后面的结局大家都知道了,公司"躺倒",本息全无。幸运的是我半价卖出了。因为当时违约的债券已经有很多了,我的内心已经无比强大,能拿回一半投资已经超过市场大部分债券交易员了。

由于信用债市场已经无信用可言了,我开始转战可转债市场。可转债相对信用债来说,还有那么一点"信用"。回到《公司法》第一百七十七条,上市公司的可转债虽然也可以要求追加担保或提前清偿,但转债有个"作弊秘籍"——只要下调转股价,转债价格自然会超过面值,也就没人追着要求上市公司提前清偿了。

2017年底可转债市场开始扩容,刚上的几只转债被抢破头,网上很多人在讨论"拖拉机申购法",后面好些转债开始大量破发,从上市起就一直在面值以下徘徊。众兴转债就是这样一只转债。按理说众兴并不算一家很差的公司,业绩普通,属于传统行业。公司在2018年夏天还试图下调转股价,结果议案没通过,转债价格反而跌得更多,连带当时其他准备下调的转债一同受累。后面我提到的利欧转债就是拜它所赐。

众兴这家公司一直在减资,每次注销一些股权激励股票都会在交易所发布公告。我开始没太注意它,后来这家公司下调转股价失败害得我大亏一笔,从此跟它结下了梁子。有一天,当我看到它发布减资申报债权公告时,我发现机会来了,它带给我的损失我一定要让它给我还回来。刚开始我对可转债如何申报债权也没有把握,先按《公司法》规定发送申报债权材料要求提前清偿,没有反应;再打电话过去,对方说可转债不算债权。我尝试了很多途径进行沟通,还是没有效果。当时也没有人组织,不像现在有"卡神"[①]这样战斗力极强的

---

① 集思录网友小卡,被网友称为"卡神"。

第六章 可转债债性

斗士。

现在回头来想,做事情不能光想怎么对自己有利,也要想想对方能怎么样做才能双赢。如果对方明显没有能力完成,那就别强迫对方。不过当时的我没有这么理性,只是觉得自己吃了大亏,牛脾气上来了谁也拉不住。后来我又看到两家公司减资要求申报债权,其中一个就是众所周知的"大表哥"利欧转债。

利欧转债发行生不逢时,价格一直低迷,才80多元,所以值得投资转债。我还是采用老办法,先打电话,再发邮件,公司的回复对此不置可否。我担心众兴的悲剧重演,决定到集思录论坛和投资群号召大家一起申报债权。由于这个价格很容易一呼百应,公司慢慢也能感受到群众的压力了。尤其是大家不仅给公司申报债权,还给交易所、证监会打电话、发举报信。董事长这才意识到双赢是多么重要。没多久,公司就妥协了,决定下调转股价。那天,转债的价格已经跌到7字头了。利欧转债的价格在股东大会召开的当天下午还低于90元,第二天公布转股价下调到底,转债直接跳空到100元以上,尽管如此,还是折价5%。

与利欧转债的这一战大获全胜,也增强了我跟上市公司谈判的兴趣和信心。其实在众兴和利欧两次下调转股价会议期间,还有一只转债也发生了回购减资危机事件,就是新泉转债。当时在转债普遍破发的情况下,新泉转债也难以避免。不过这个公司很爽快,接到投资者问询以后立即宣布了下调计划,转债也顺利重回面值附近。虽然因为大势不好,转债在面值之上也没能维持多久,但公司满满的诚意也打动了投资者，公司顺利度过了减资危机。

新泉转债这个案例非常典型，公司想要减资，首先要做到双赢。类似的还有华锋股份，也是在发布减资公告的同时很痛快地发布了下调公告。当时华锋转债的价格还在面值以上，这种很痛快的公司，往往下调也是一步到位的。公司只要有诚意，和投资者还有什么疙瘩解不开呢？

再举一个上市公司的例子：永鼎股份，也是资本市场老手。转债价格拉不上去，公司还一直在发布减资公告。好在经过投资者坚持不懈的努力，公司管理层终于下调了转股价，转债一路飞升，公司可以集中精力做大事，也成就了其2020年的最大妖股行情。2020年转债市场上的"妖债"一大堆，但是有正股配合的"妖债王"非永鼎转债莫属了。

还有维格转债，这家公司的股价早早就"破净"[①]了。公司发布减资公告以后，我不敢奢望可以提前清偿。不过我还是看到一些朋友找公司申报债权。最后公司努力把转股价下调到尽可能的低点，也的确有一点效果。最关键的是，大家看到公司尽力了，也都是有预期的，既然只能要到这么多，谁还会逼迫公司完成清偿这个不可能完成的任务呢？

其实跟上市公司谈判，首先自己要有实力和筹码，也就是自己要占理，其次判断如果谈判成功对方能作出多少让步，都分析清楚了再

---

① 破净：股票价格跌破了股票的每股净资产值。

第六章 可转债债性

出手。比如有的人一看到华体科技的减资公告,就去跟公司谈判,想看看能不能博一个下修来。这种情况下公司理你才怪。当转债价格在面值以上时,还有谁会去申报债权呢?

跟上市公司谈判,不一定非要利用《公司法》第一百七十七条。最有意思的一次跟上市公司博弈就是蓝色光标。这家公司募集的蓝标转债资金好些年不动用,而且它在交易所还发行过另外一只公司债16蓝标债。市场普遍预期上市公司没钱偿还16蓝标债,给出的价格一年都超过10%了,这基本算是有重大风险级的债券。上市公司也很清楚自己没钱还16蓝标债,想着把转债募集的资金挪过来先救急。这就属于重大违规了。按照规定,挪用募集资金是要给投资者一次回售选择权的,而正好蓝标转债的价格低于面值,所以投资者抓住这一点对公司展开猛攻。

其间历时好几年,一开始蓝色光标不认错,后来交易所也发函了,要求解释说明。就这样一拖再拖,交易所发送问询函,并给了6个月的期限。眼看6个月到了,转债价格还是没有起色,而且16蓝标债马上就要兑付了,上市公司也有点着急,无奈之下公司只能下调转股价。结果转债价格没上去,股票倒是先崩盘了,很快又到了再次可以下调的价位了。投资者希望得到回售权,公司老板最后一狠心,将公司卖给了地方政府,换来托盘的承诺,再次下调到底并且发布回售公告。果不其然,下调后股票继续崩盘,转债继续低于面值。逼债的投资者见好就收,准备回售结束了。幸好地方政府挽救了一把,在面值以上把转债全部收走了,才避免公司直接"躺倒"。所幸没过多久,股票市场行情回暖，地方政府收走的转债也收益颇丰。

这样做对投资者来说风险很大，但之所以大家这样做，也是它过错在先。早在2017年，蓝色光标就莫名其妙地要下修转股价，而且不下修到底；后来在挪用资金方面又露出马脚，才被投资者步步紧逼，陷入下跌—下修—再下跌—再下修的死循环中。如果公司早早宣布改变募集资金用途，在2017年下修到底，也许早就解决难题了。说到底，还是一个"道"字，一个"理"字。

第七章
回售、强赎和到期赎回

可转债炼金术

可转债回售

回售和强赎分别是转债持有人和上市公司的权利。回售在转债价格低于面值时保护了转债投资人；而上市公司行使强赎的权利，则会逼迫转债投资者转股，使得投资者从债券投资人转变为股东。对于转债发行公司而言，到期赎回是最差结局。

可转债回售是指当满足特定条件时，转债投资者有权将所持转债按照面值（100元）加利息卖回给发行转债的上市公司。回售是转债投资者的权利，是发行转债的公司需要承担的买入义务。转债回售条款分为有条件回售条款和附加回售条款两种。

有条件回售是指在可转债的最后两个计息年度，当公司股票在任意连续X个交易日中收盘价低于当期转股价格某一比例时（70%、80%居多），可转债持有人有权将其持有的可转债全部或部分按照约定价格回售给发行人。以大族转债（128035）为例，其募集说明书约定，在本次发行的可转债最后两个计息年度，如果公司股票在任意连续三十个交易日的收盘价格低于当期转股价格的70%时，可转债持有人有权将其持有的可转债全部或部分按债券面值的103%（含当期应计利息）回售给本公司。大族转债由上市公司大族激光（002008.SZ）于2018年2月发行，到期日为2024年2月6日。2022年5月24日，大族激光发布大族转债回售公告，称大族转债正处于最后两个计

第七章 回售、强赎和到期赎回

息年度,公司股票在2022年4月7日至5月23日连续三十个交易日的收盘价格低于当期转股价格的70%。根据募集说明书中的约定,大族转债回售条款生效,回售申报期为2022年5月31日至6月7日,回售资金到账日为2022年6月14日,回售价格为103元。由于在回售期内大族转债二级市场交易价格一直高于回售价,因此回售结果是仅有250张转债申报了回售。

附加回售是指当发行转债的公司改变转债募集资金的用途时,转债持有人有权按照面值加利息将转债回售给发行公司。交易所规定,经股东大会批准变更募集资金投资项目的,上市公司应当在股东大会通过后20个交易日内赋予可转债持有人一次回售的权利。以鲁泰转债(127016)为例,鲁泰转债的发行公司是鲁泰A(000726.SZ),公司于2023年9月26日审议通过了《关于变更部分募集资金用途的议案》。因为公司改变了转债的募集资金用途,所以触发了附加回售条款。公司随后发布了鲁泰转债的回售公告,回售申报期为2023年10月12日至10月18日。在此期间,鲁泰转债持有者可通过券商软件操作回售,投资者可通过券商软件中的"转股回售"菜单操作回售,输入转债代码和回售数量,点击"确定"后可将所持转债回售给公司。鲁泰转债的回售价格是100.764元/张,回售资金到账日为2023年10月25日。因为申报回售期间鲁泰转债的二级市场交易价一直高于回售价,所以鲁泰转债最终仅有10张转债申报回售。

对于在回售期价格低于100元面值的转债,缺乏资金的上市公司往往通过下修转股价以提高转股价值,借此规避投资者将转债回售给公司。对于投资者而言，回售压力有望带来获利机会，部分公司面对回售压力，会公布利好消息以推动股价上涨，下修转股价使转债估值得到修复，带动转债价格随之提升。对于在回售期价格低于100元的转债，投资者可将其买入参与回售套利，或者待转债价格上涨至100元以上时卖出。

集思录上有回售剩余年限和回售税前收益率等可转债数据。以广汇转债（110072）截至2023年12月31日收盘数据为例，该日广汇转债收盘价为92.811元，距离回售还有1.05年，回售税前收益率为年化8.94%。鉴于广汇转债评级为AA+，在不考虑违约的前提下，投资者买入广汇转债参与回售，收益率明显高于银行理财和一年期存款收益，对于保守的投资者具有一定吸引力。

截至2023年10月31日，共有11只转债的回售税前收益率超过1%，其中回售税前收益最高的是鸿达转债（128085），收益率高达54.74%，鸿达转债评级为CC，属于垃圾级，公司回售有重大违约风险；其次是起步转债、广汇转债、帝欧转债和城地转债，回售税前收益率均超过5%（见表7-1）。

同时，部分转债在发行时未设置回售条款，比如所有的银行转债和券商转债；还有极少数其他行业公司的转债未设置回售条款，比如智能转债（128070）。在可转债回售期间，转债暂停转股。投资者可在回售申报期内申报回售，回售申报当日可以撤单，回售申报一经确认，不能撤销。交易所规定，在回售期结束后的5个交易日内，上市公司应当将资金划入中国结算指定的收款银行账户。

第七章 回售、强赎和到期赎回

表7-1 可转债回售收益情况

代码	转债名称	现价（元）	正股名称	转股价值（元）	债券评级	预期回售日	回售剩余年限（年）	回售税前收益率（%）
128085	鸿达转债	86.49	ST鸿达	35.29	CC	2024-03-17	0.38	54.74
113576	起步转债	96	ST起步	86.15	B+	2024-07-08	0.69	8.97
110072	广汇转债	92.811	广汇汽车R	47.64	AA+	2024-11-17	1.05	8.94
127047	帝欧转债	88.99	帝欧家居	48.58	A+	2026-01-25	2.24	6.62
113596	城地转债	96.364	城地香江	32.36	A-	2024-10-27	0.99	5.40
113595	花王转债	98.228	ST花王	91.52	B-	2024-10-20	0.97	3.45
127019	国城转债	99.186	国城矿业R	49.53	AA	2024-10-13	0.95	2.46
123044	红相转债	100.536	*ST红相	33.84	A+	2024-06-09	0.61	2.10
128124	科华转债	99.291	科华生物	42.44	A+	2024-10-27	0.99	1.95
113589	天创转债	100.284	天创时尚	37.92	A+	2024-09-22	0.9	1.37
128108	蓝帆转债	100.985	蓝帆医疗R	39.18	AA	2025-08-25	1.82	1.27

资料来源：集思录。

145

可转债炼金术

可转债强赎

可转债有条件赎回条款即可转债强制赎回条款,也可以简称为"强赎条款"。强赎是上市公司的权利,转债强赎条款一般是指在本次发行的可转债转股期内,如果公司A股股票连续三十个交易日中至少有十五个交易日的收盘价格不低于当期转股价格的130%(含130%),或者当本次发行的可转换公司债券未转股余额不足3000万元时,发行转债的公司有行使强赎的权利。

交易所规定,在可转债存续期内,上市公司应当持续关注是否满足赎回条件,预计可能触发赎回条件的,应当在赎回条件触发日5个交易日前及时披露提示性公告,向市场充分提示风险。上市公司应当在满足可转债赎回条件的当日召开董事会,审议决定是否行使赎回权,并在次一交易日开市前披露赎回或者不赎回的公告。上市公司未按本款规定履行审议程序及信息披露义务的,视为不行使本次赎回权。上市公司行使赎回权的,应当及时披露赎回公告;上市公司不行使赎回权的,应当充分说明不赎回的具体原因,且在未来至少3个月内不得再行使赎回权,并在公告中说明下一满足赎回条件期间的起算时间。

以远东转债(128075)为例,根据其募集说明书,远东转债的强赎条款包括两条:第一,在转股期内,公司股票在任何连续三十个交易日中至少十五个交易日的收盘价格不低于当期转股价格的130%(含130%);第二,本次发行的可转换公司债券未转股余额不足

第七章 回售、强赎和到期赎回

3000万元。远东转债于2019年9月发行上市。2023年10月13日，正股远东传动（002406.SZ）发布关于远东转债可能触发赎回条件的提示性公告，称自2023年9月18日至10月12日，公司股票价格已有十个交易日的收盘价不低于远东转债当期转股价格（5.11元/股）的130%（含130%），因此远东转债可能触发强赎条件。2023年10月20日，远东传动发布关于提前赎回远东转债的公告。远东转债强赎公告包含如下信息。

（1）远东转债赎回登记日：2023年11月9日。

（2）远东转债赎回日：2023年11月10日。

（3）远东转债赎回价格：100.23元/张（面值加当期应计利息）。

（4）投资者赎回款到账日：2023年11月17日。

（5）远东转债停止交易日：2023年11月7日。2023年11月6日是远东转债的最后一个交易日，当日远东转债的简称将变更为Z远转债，2023年11月6日收市后远东转债将停止交易。

（6）远东转债停止转股日：2023年11月10日。

（7）截至2023年11月9日收市后仍未转股的远东转债，将按照100.23元/张的价格强制赎回，本次赎回完成后，远东转债将在深交所摘牌。

达到强赎条件的转债在二级市场的交易价格一般在130元以上，上市公司行使强赎权利按照面值加当期利息赎回，就是逼迫投资者或者在二级市场卖出转债，或者转股卖出。对于上市公司而言，其发行转债的目的既是融资，也是把投资者手中的债权变为股权。当公司发布强赎公告后，转股溢价率高的转债会应声大跌，跌至转股价值附近，因为开始强赎的转债已经丧失了转债的看涨期权价值。以远东转债为例，远东转债于2023年10月20日宣布强赎后，当日大跌12.9%，当日转股溢价率为-3.63%；在随后的交易日，其转股溢价率均为负值，投资者不断转股，截至2023年11月1日收盘，远东转债剩余规模仅为0.693亿元。

投资者持有接近强赎的转债，务必注意公司的强赎公告和意向，尤其是转债的转股溢价率较高时，一旦公司宣布强赎，转债的转股溢价率将消失殆尽，甚至转为负溢价。当然，有些公司会明确宣布不强赎，或者在某个时间段内不强赎，按照交易所规定，宣布不强赎的转债，在未来3个月内不得强赎。以盛路转债（128041）为例，盛路转债的发行公司是盛路通信（002446.SZ），2022年11月5日，在已经满足强赎的条件下，盛路通信公告称本次不强赎，同时在2023年11月4日前也不强赎。那么在2023年11月4日之前，盛路转债的投资者又可以愉快地"玩耍"了，因为在此期间转债无强赎风险。盛路转债因为剩余规模仅为0.526亿元，属于典型的迷你转债，所以一直"妖性"十足。在2022年11月5日至2023年11月4日一年时间内，转债的转股溢价率一直保持在60%以上，甚至最高达240%以上。截至2023年11月1日收盘，盛路转债报价273元，转股溢价率为95.65%。

截至2023年11月1日，已经退市的331只转债中，共有285只转债属于强赎退市，占比86%，即大多数转债都是价格涨到130元以上才最终退市（见表7-2）。从概率的角度看，如果投资者在120元以下买入转债，那么在存续期6年时间内，这大概率是一个赚钱的游戏。

表7-2 可转债退市情况

转债退市原因	数量（只）	占比（%）
强赎	285	86
转债规模低于3000万元	9	3
到期赎回	34	10
正股退市或重整	3	1

资料来源：集思录。

按照转债募集说明书的强赎条款，转债剩余额度低于3000万元，也会引发上市公司强赎转债。实际上在过往退市的331只转债中，有9只转债就是因转债规模低于3000万元而强赎退市。比如中装转债（128060）就是因剩余规模低于3000万元而强赎退市，转债规模之所以会低于3000万元，多数是因为随着正股大涨，转债的转股价值提高，随之转债大涨后转股溢价率为负数。这会导致转债投资者不断转股，最终转债剩余规模低于3000万元。以强赎方式退市的285只转债，平均存续年限为1.88年，最后交易日的平均收盘价为162元，转债历史平均最高价为218元，转债历史平均最低价为104元。

转债到期赎回

在截至2023年11月2日已经退市的331只转债中，有34只转债是到期由上市公司赎回的。这些转债在存续期5年或6年时间内，或者没有达到强赎条件，或者达到强赎条件而公司不强赎，最终错失强赎机会。比如金禾转债（128017）在2020年和2022年两次满足强赎条件，公司均表示不执行强赎，谁承想正股金禾实业（002597.SZ）的股价自2022年8月后一路下滑。截至2023年10月27日，金禾转债的正股在最后交易日暴跌52%，最终公司只能按照赎回价106元赎回剩余的3.89亿元转债。

与强赎价格是面值加当期利息不同，转债的到期赎回价已经在募集说明书中明确约定。以亚太转债（128023）为例，亚太转债的到期日是2023年12月4日，最后交易日是2023年11月29日，到期赎回价是108元。转债越接近到期日，看涨期权价值越低。接近到期日的转债，如果转股溢价率还是正值，则此时转债的二级市场交易价格会趋向于到期赎回价甚至低于到期赎回价。以亚太转债为例，截至2023年11月2日，亚太转债距离到期仅剩23天，当日收盘亚太转债报价107.62元，低于到期赎回价108元，转股溢价率为18.88%，税前年化收益率达到4.03%。

对于到期赎回的转债，到期赎回价包含公司最后一年应付的转债利息。比如亚太转债最后一年的利息是2元/张，即亚太转债的赎回价108元包含了最后一年的利息2元，同时108元是含税价格，转债付息需要缴纳20%的所得税。对于按照什么标准缴税，因为没有统一规定，所以不同公司的处理方法不同。以退市的金禾转债（128017）为例，金禾转债到期赎回价是106元，最后一年的利息是1.8元/张，作为深交所上市转债，最终到期扣税是0.36（1.8×0.2）元/张，如

第七章 回售、强赎和到期赎回

果到期后投资者未转股，金禾转债的投资者将收到105.64元/张。对于到期转债扣税的处理标准，除了像金禾转债这样对最后一年利息扣税的，还有按照到期赎回价面值以上全部扣税的公司。以光大转债（113011）为例，其到期赎回价是105元，最后一年的利息是2元/张，最终税后兑付是104元/张，即按照利息5元/张进行扣税，而不是最后一年的利息2元/张。根据以往经验，深交所上市转债经常按照最后一年利息扣税，而上交所转债则按照面值以上的总金额扣税。

不同身份的投资者，其税务处理方式不同。转债到期赎回扣税，个人投资者在券商端代扣代缴所得税；而机构投资者（含普通公司证券账户）则不在券商端代扣代缴所得税，由机构自行向税务机关申报。集思录给出了即将到期转债的税前收益率和税后收益率两项数据，以亚太转债2023年11月2日收盘价107.62元为例，以该价格买入亚太转债的税前收益率为年化4.03%，而税后收益率为负数。亚太转债在深交所挂牌，赎回价为108元，最后一年的利息是2元/张。若按照过往不少深交所转债的所得税处理方式，个人投资者应该缴税0.4元/张，即到期赎回的税后价格是107.6元。个人投资者在107.6元以上买入转债并持有至到期会亏损；机构则不然，因为机构无须在券商端扣税，即使按照107.62元买入，亚太转债到期赎回的收益率也达到4.03%，相比银行理财和存款，显然收益率更高，而且可以随时卖出，还附送一个23天的看涨期权。而此时亚太转债的转股溢价率仅为18.88%，完全具有转股的可能性。

截至2023年11月2日，在即将到期的14只转债中，税前收益率为正的转债总共10只，其他4只转债的价格略高于到期赎回价（见表7-3）。从转股溢价率的角度看，除大族转债的转股溢价率高达152.00%且宣布在到期前不下修外，其余转债的转股溢价率最低为6.69%、最高为30.10%。那么此时，使用机构户买入此类即将到期的转债，属于典型的低风险投资。最差的情况就是公司到期赎回，投资者可以获取等同甚至高于银行理财和存款的收益。而如果在转债到期前正股大幅上涨，投资者则获利更多，此时买入，投资者并不用担心短期被套。因为转债底部已经确定，投资者既可以通过做T来获取短线收益，也可以通过做T加逆回购增强收益；如果买入后一直没有做T机会，也可以持有至到期等待公司兑付。通过机构户买入此类转债的唯一风险就是公司可转债违约。首先，截至2023年11月2日，尚未有可转债到期违约的案例；其次，这14只转债的评级均在AA-及以上，且部分转债的控股股东为国有企业，转债违约的风险极低。

表7-3 2023年底可转债到期情况

名称	价格（元）	赎回价（元）	剩余天数（天）	转债规模（亿元）	税前收益率（%）	转股溢价率（%）	正股波动率（%）	评级
亚太转债	107.62	108	23	9.986	4.03	18.88	41.27	AA
兄弟转债	105.918	106	17	2.65	1.09	10.33	24.89	AA
铁汉转债	105.53	106	41	8.028	3.54	13.43	29.53	AA

续表

名称	价格（元）	赎回价（元）	剩余天数（天）	转债规模（亿元）	税前收益率（%）	转股溢价率（%）	正股波动率（%）	评级
吉视转债	105.443	106	50	11.349	3.50	19.62	28.82	AA+
众兴转债	105.788	106	36	4.083	1.78	14.28	33.69	AA-
国祯转债	105.76	106	15	2.251	3.76	27.61	21.41	AA
苏农转债	108.779	110	270	12.885	1.50	27.20	16.76	AA+
大族转债	103.943	105	123	22.99	3.87	152.00	30.24	AA+
无锡转债	105.922	106	92	29.21	0.30	13.89	20.91	AA+
岩土转债	107.861	108	132	6.019	0.35	30.10	28.59	AA
迪龙转债	108.999	106	50	2.971	-18.26	6.69	31.92	AA
江银转债	106.501	106	88	17.579	-2.02	15.55	19.98	AA+
长证转债	107.677	105	130	49.96	-6.93	28.56	20.81	AAA
杭电转债	111.711	108	123	7.497	-9.78	8.42	30.33	AA

资料来源：集思录。

根据交易所规定，上市公司应当自可转债期满后5个交易日内办理完毕偿还可转债余额本息的事项。

第八章
可转债指数与基金

可转债炼金术

可转债指数

投资可转债,不仅可以通过开设证券账户自行交易,也可以通过可转债基金持有可转债。可转债基金分为主动基金和可转债ETF,可转债ETF与相应的可转债指数挂钩。

A股主流的转债指数包括中证可转换债券指数(以下简称中证转债指数,代码:000832)、集思录可转债等权指数和万得可转债指数等。

中证转债指数样本由在沪深交易所上市的可转换债券组成,指数采用市值加权计算,以反映沪深交易所可转债的整体表现。该指数以2002年12月31日为基日,以100点为基点。

因为中证转债指数采用市值加权计算,所以大盘转债权重较高。截至2023年8月31日,前十大权重转债中,银行转债占了8只,权重高达24.16%,接近1/4;其中前三大权重转债分别是浦发转债、兴业转债和中信转债。

为了方便对比业绩,我们统一以2017年12月29日为基期,截至2023年9月28日,中证转债指数的总收益率为42.74%,平均年化收益率为7.43%。因为大盘转债权重较大,所以影响了中证转债的长期收益率。

集思录可转债等权指数由在沪深交易所上市的全部可转债组成。

与中证转债指数不同，该指数为等权指数，基期为2017年12月29日，基点为1000点。截至2023年9月28日，集思录可转债等权指数的总收益率为101.48%，平均年化收益率为17.64%。

2022年11月，万得发布可转债系列指数，包括万得可转债总量指数、行业指数、信用指数、价格指数、数量指数和策略指数等。我们主要参考万得可转债小盘指数（代码：889046），该指数选取转债剩余规模在10亿元以内的转债组成权重股，以转债剩余规模加权，基期为2017年12月29日，基点为100点。截至2023年9月28日，万得可转债小盘指数总收益率为90%，平均年化收益率为15.65%。

从近几年数据来看，集思录可转债等权指数和万得可转债小盘指数的表现要大大优于中证转债指数的表现（见表8-1）。

表8-1　可转债指数表现

转债指数	当年涨幅（%）				
	2019年	2020年	2021年	2022年	截至2023年8月31日
中证转债指数	25.15	5.25	18.48	-10.02	3.53
集思录可转债等权指数	27.97	23.26	35.61	-6.51	5.1
万得可转债小盘指数	25.2	17	38.3	-7.86	4.86

可转债炼金术

可转债基金

直接挂钩可转债指数的是可转债ETF，分为博时可转债ETF（511380）和海富通上证投资级可转债ETF（511180）。博时可转债ETF挂钩的指数是中证可转债及可交换债券指数，海富通上证投资级可转债ETF挂钩的是上证投资级可转债及可交换债券指数。上证投资级可转债及可交换债券指数样本券由上海证券交易所上市、主体评级AA及以上的可转换公司债券和可交换公司债券组成，指数采用市值加权计算。

在转债投资者结构中，基金、保险、社保、年金等机构投资者持仓占比较高。受益于转债市场的优异表现，公募基金转债持仓规模和占比不断上升，其中债券型基金是配置转债的主力。以可转债配置为主的主动基金，主要是基金名称中包含"转债"字样和转债持仓超过50%的基金。截至2023年10月，市场上有90多只各类转债基金，转债基金规模超过1000亿元。我们剔除规模较小的基金，选择39只可转债基金，观察其过去3年的业绩表现（见表8-2）。从截至2023年10月10日的过去3年涨幅来看，中证转债指数3年上涨8.87%，集思录可转债等权指数3年上涨34.42%，万得可转债小盘指数3年上涨28.87%。若以表现最好的集思录可转债等权指数为参考坐标，仅有3只可转债基金的涨幅超过了集思录可转债等权指数，有9只可转债基金在过去3年业绩为负，可以说公募可转债基金的表现不尽如人意。

第八章 可转债指数与基金

表 8-2 可转债基金数据

代码	名称	基金规模（亿元）	近3年涨幅（%）
511380	博时可转债ETF	31.46	9.92
511180	海富通上证投资级可转债ETF	2.06	6.45
003092	华商丰利增强定开债A	10.58	73.63
000536	前海开源可转债债券	20.77	41
005876	易方达鑫转增利混合A	6.57	35.12
161624	融通可转债债券A	1.67	30.17
006102	浙商丰利增强债券	95.74	29.39
005273	华商可转债债券A	6.15	24.86
040022	华安可转债债券A	12.97	23.31
001722	工银银和利混合	4.2	20.71
240018	华宝可转债债券A	9.94	18.56
164206	天弘添利债券	14.17	16.63
006030	南方昌元转债A	21.96	15.86
360013	光大信用添益债券A	114.68	15.63
090017	大成可转债增强债券A	1.16	14.26
007316	交银可转债债券A	2.66	11.13
310518	申万菱信可转债债券A	0.78	10.9
006482	广发可转债债券A	21.38	10.54
006898	天弘弘丰增强回报债券A	13.71	9.96
004495	博时量化平衡混合A	3.03	9.16
000297	鹏华可转债债券A	49	8.57
002742	泓德裕祥债券A	11.66	7.77
210014	金鹰元丰债券A	19	7.65
009465	东方可转债债券A	3.48	6.12

159

可转债炼金术

续表

代码	名称	基金规模(亿元)	近3年涨幅(%)
100051	富国可转债A	38	4.09
003401	工银可转债债券	6.05	3.75
005461	南方希元转债	49.79	3.4
340001	兴全可转债混合	37.9	2.18
470058	汇添富可转换债券A	43.23	1.91
050011	博时信用债券A/B	59.58	0.24
005246	国泰可转债债券	2.53	-0.17
005771	银华可转债债券	28	-2.08
163816	中银转债增强债券A	2.61	-2.75
050019	博时转债增强债券A	15.26	-3.3
519977	长信可转债债券A	6.11	-4.3
001045	华夏可转债增强债券A	15.8	-5.17
000067	民生加银转债优选A	0.9	-9.59
004993	中欧可转债债券A	9.18	-10.04
005945	工银可转债优选债券A	1.93	-11.87

资料来源:万得。

第九章
可交换债

可转债炼金术

什么是可交换债

可交换债与可转债类似,但也存在很多不同点,因此投资逻辑也有较大差别。

可交换债(Exchangeable Bonds,EB),全称可交换公司债券,是指上市公司股东依法发行,在一定期限内依据约定的条件可交换成该股东持有的上市公司股份的债券。对于可交换债发行人(上市公司股东)而言,可交换债是一种低成本的融资方式,也可以作为其减持股票的手段。

可交换债转股与可转债转股不同,可转债转股后上市公司相当于增发股票;而可交换债转股后并不涉及上市公司增发新股,只是原有老股东减持股票。

上市公司股东发行可交换债必须以自己所持上市公司股票质押,发行规模不超过待交换股票市值的70%。相比可转债在发行时已经确定了票息水平,可交换债在发行时需要通过机构询价确定发行票息。因为公募可转债发行量少,所以一般都是按照询价下限定价。以2022年发行的G三峡EB2(132026)为例,该可交换债的正股为长江电力(600900.SH),G三峡EB2存续期5年,每年利率仅为0.1%,聊胜于无。而同样AAA评级的央企转债——大秦转债(113044),存续期6年的总票息为14.1元。总体来看,可交换债的发行票息大大低于同评级的可转债票息。

从交易角度看，可交换债与债券相同，每笔最低交易数量为1000张，而且按净价交易、全价结算。可交换债交易时间与债券相同，每日交易时间是上午9:30～11:30，下午1:00～3:30。从投资者权限角度看，交易可转债仅需要满足合格个人投资者权限即可；而部分可交换债在交易时除了需要满足合格个人投资者权限之外，还需要满足合格机构投资者权限要求。以截至2023年11月15日尚存续的3只可交换债而言，19蓝星EB和G三峡EB2均需要满足合格机构投资者权限要求，而G三峡EB1仅需要满足合格个人投资者权限即可（见表9-1）。合格机构投资者权限对普通公司机构要求如下：

（1）股票交易经验最低两年；

（2）需要会计师事务所出具最近1年经审计年报，证明最近1年末公司净资产不低于2000万元人民币、最近1年末公司金融资产不低于1000万元人民币。

表9-1 可交易的可交换债

代码	转债名称	现价（元）	正股名称	评级	转股溢价率（%）	到期时间	剩余规模（亿元）
132018	G三峡EB1	149.18	长江电力	AAA	0.00	2024-04-09	116.587
132020	19蓝星EB	109.12	安迪苏	AAA	53.79	2024-10-18	35.065
132026	G三峡EB2	111.55	长江电力	AAA	18.47	2027-06-01	100

资料来源：集思录。

对于公募可交换债而言，转股起始日一般是发行结束后12个月；而可转债则是发行结束后6个月即进入转股期。另外，可交换债定制条款较多，存续期3~6年不等；而可转债基本上存续期均为6年，只有极少数可转债存续期为5年。

可交换债与可转债条款的比较如表9-2所示。

表9-2 可交换债与可转债条款的比较

条款	可交换债	可转债
发行人	上市公司股东	上市公司
担保	以股东所持上市公司股票质押	净资产高于15亿元无须担保，担保包括股票、资产和大股东连带责任担保
发行规模	不超过待交换股票市值的70%	不超过募投项目资金需求
交易结算方式	净价交易、全价结算	全价交易与结算
最低交易数量	1000张	10张
交易时间	上午9:30~11:30，下午1:00~3:00	上午9:30~11:30，下午1:00~3:30
转股期起始日	发行结束日满12个月后	发行结束日满6个月后
投资者权限要求	部分需要合格机构投资者权限	合格个人投资者权限即可
票息水平	较低	视评级而定，票息高于可交换债
原股东优先配售	无	有
票息确定时间	发行时需要询价后确定	发行前已经确定
存续时间	3~6年不等	多数为6年

除了以上诸多不同点之外，可交换债与可转债一样，都是进可攻、退可守的优质固收品种，每年同样会付息，到期还本付息，同样是T+0交易，可以质押融资。但是与可转债上市公司天然具有促转股意愿不同，发行可交换债的股东目的不同，一些大股东仅是为了低成

本借钱,并无明显的促转股意愿;而一些股东在低成本融资的同时,也希望通过可交换债减持套现。从已退市的23只可交换债来看,有17只可交换债是到期退市(占比74%),其中10只在存续期内基本没有转股,而是到期几乎被全额赎回(见表9-3)。可交换债之所以出现与可转债不同的结局,就是与股东的促转股意愿密切相关。

表9-3 已退市可交换债情况

转债名称	上市首日收盘价格(元)	历史最高收盘价格(元)	正股名称	发行规模(亿元)	剩余规模(亿元)	存续年限(年)	退市原因
14宝钢EB	118.25	229.38	新华保险	40	40	3	到期
15国盛EB	114	116.03	上海建工	50	44.778	6	到期
15国资EB	116.4	141	中国太保	20	0.162	5	到期
15天集EB	112.41	121.88	天士力	12	0.131	3.4	不足2000万元
15清控EB	155.02	155.02	国金证券	10	10	3	到期
16以岭EB	107.71	126	以岭药业	8	0.161	3.2	不足2000万元
16凤凰EB	110.83	110.83	凤凰传媒	50	49.967	5	到期
16皖新EB	106.2	122.16	皖新传媒	25	25	5	到期
17中油EB	100.31	110.28	中国石油	100	99.186	5	到期
17宝武EB	97.01	115.5	宝钢股份	150	150	3	到期
17山高EB	93.15	107.43	山东高速	25	25	5	到期
17巨化EB	101.92	108.9	巨化股份	20	20	3	到期
17桐昆EB	109.56	159	桐昆股份	10	0.265	1.9	强赎
17浙报EB	100.36	102.99	浙数文化	24	23.983	5	到期

续表

转债名称	上市首日收盘价格（元）	历史最高收盘价格（元）	正股名称	发行规模（亿元）	剩余规模（亿元）	存续年限（年）	退市原因
18中化EB	106.8	210.8	中国化学	35	0.035	5	到期
18中原EB	105.8	169.877	中原传媒	6.2	0.306	4.4	强赎
18中油EB	98.68	105.8	中国石油	200	199.996	5	到期
19东创EB	100	117.8	华安证券	1.5	0.858	3	到期
19中电EB	115.68	158.84	中国软件	21	0.492	3	到期
19华菱EB	106.15	203.997	华菱钢铁	20	1.126	1.9	强赎
19新钢EB	99.5	181.5	新钢股份	20	0.255	3	到期
20华菱EB	109	184.4	华菱钢铁	15	0.687	1.8	强赎
20广版EB	104.5	172.562	南方传媒	8	0.037	3	到期

资料来源：集思录。

可交换债发行与交易

以15国盛EB（132004）为例，15国盛EB对应正股是上海建工（600170.SH），本次可交换债发行人为上海国盛（集团）有限公司，预备用于交换的股票标的为上海建工A股。上海国盛集团是上海市国资运营平台，承担着打造上海市国资改革平台的重任。

15国盛EB存续期6年，即2015年11月5日至2021年11月4日。根据15国盛EB的发行公告，15国盛EB的总发行规模为50亿元。

15国盛EB的发行分为网下申购和网上申购两部分。网上申购占比30%，网下申购占比70%。就网上申购而言，可转债属于信用申购，而可交换债的网上申购属于先到先得。15国盛EB的网上申购日为2015年11月5日，在当日交易时间段，主承销商（中金公司）通过上交所交易系统进行卖出申报，参与网上发行的投资者通过上交所交易系统进行买入申报，最终在上交所交易系统撮合成交，按时间优先的原则实时成交。先进行网上申购的投资者的申购数量将优先得到满足，上交所交易系统将实时确认成交。当本次债券网上累计成交数量达到网上发行预设数量时，网上发行结束。若网上发行预设数量申购不足，则启用回拨机制，网上发行剩余数量将一次性回拨至网下发行。

可交换债网下申购与可转债网下申购有类似之处，都需要网下机构提交资料和申报保证金；不同之处在于，可交换债网下申购先要进行发行利率询价。以15国盛EB为例，该可交换债发行时询价的票面利率预设区间为1%～2.5%，发行时在T-1日进行票面利率询价（T日为可交换债网上申购日），由于A股可交换债发行规模较低，其询价利率一般以下限定价。事实上，15国盛EB最终确定的发行利率就是每年1%。与可转债网下申购一样，可交换债网下申购根据机构总申购金额按比例进行配售。

15国盛EB信用评级为AAA，机构可以进行质押式回购。15国盛EB在上市前向上交所和中国结算申请质押式回购安排，质押券申报和转回代码为133004，上市交易后折算率为95%。截至2023年11月15日挂牌的3只可交换债中，G三峡EB1、19蓝星EB和G三峡EB2的折算率分别为98%、73%和74%。

与转债不同的是,公募可交换债不仅可以在交易所交易,还可以在固定收益平台上市交易。

15国盛EB的初始转股价为10.52元,发行时15国盛EB的转股价值仅为76元,高溢价发行的15国盛EB可以说是偏债型可交换债的典型代表。作为国资改革平台的上海国盛集团显然更希望通过可交换债进行低成本融资,减持套现的冲动并不明显。对于发行人而言,设定较高的转股价,若股价大涨,高位转股也未尝不可。在6年交易时间内,15国盛EB的转股价值最低为37元,最高为83.67元,最终仅有不足6亿元转股,而44.778亿元的可交换债最终到期赎回。

当然,有的可交换债发行人在发行初期主要就是为了减持套现,此类偏股型可交换债初始转股价较低,转股价值高,下修条件容易实现。以G三峡EB1(132018)为例,G三峡EB1的发行规模为200亿元,初始转股价为18.8元,发行时转股价值为90元。G三峡EB1的正股为长江电力(600900.SH),长江电力主营水力发电,主营业务稳步增长,派息率高且稳定。本次可交换债的发行人为中国长江三峡集团有限公司,是长江电力的控股股东,持股超50%。为减缓直接减持套现对股价的冲击,中国长江三峡集团有限公司通过发行可交换债的方式减持长江电力。G三峡EB1的存续期为5年,自2019年4月25日上市,随着长江电力股价的持续上涨,G三峡EB1二级市场交易价格从最低97.44元涨至最高152.99元。随着持有者不断转股,截至2023年11月15日收盘,超过86亿元的可交换债已经转换为长江电力

第九章 可交换债

股票。

可交换债与可转债最主要的不同点就是发行方促转股意愿不同。可转债是上市公司增发股票，有明确的促转股意愿，下修转股价更积极主动；而可交换债的发行方促转股意愿存疑，部分发行人是为了获得低成本融资，下修转股价并不积极，使得高溢价可交换债沦为纯债。可交换债转股对正股无直接摊薄效应，但是流通股的不断增加（特别是创业板等小盘股票），也会对正股股价造成冲击。在同等条件下，可交换债的二级市场估值明显低于可转债。

第十章
抢权配债

可转债炼金术

"一手党"配债

在所有的转债投资策略中,抢权配售策略虽然获得了不少投资者的青睐,但也被很多投资者诟病。

对持有正股的投资者而言,在该正股发行可转债时,正股投资者可获得转债配售权。抢权配售策略是指当上市公司发行可转债时,投资者在股权登记日(T-1日)买入正股,获得转债优先配售权,然后在转债网上申购日(T日)卖出正股。投资者在获得配售转债的同时,需要承担持有正股的隔夜风险。投资者的收益来自转债上市时卖出转债的利润,同时,因为投资者买入正股时属于含权股票,多数正股在T日会除权下跌,所以抢权配售的收益主要来自转债卖出收益减去正股下跌亏损部分。

我们以财通转债为例分析配售流程。2020年12月8日,财通证券(601108.SH)发布可转债发行公告,公司拟发行38亿元可转债,发行数量为380万手(3800万张),财通证券总股本为35.89亿股。财通转债的网上原股东优先配售日为2020年12月10日(T日),财通证券原股东可在股权登记日(2020年12月9日,T-1日)按照每股配售1.059元(可转债发行总金额÷公司总股本=38÷35.89≈1.059)面值的比例配售可转债,即配售10张财通转债需要买入约944(1000÷1.059)股财通证券股票。

第十章 抢权配债

就原股东优先配售而言,深市最低配售单位为1张(100元),而沪市最低配售单位为1手(1000元)。股东参与可转债优先配售,沪市转债不足1手的部分按照精确算法原则取整。以财通转债为例,所有参与配售财通转债的股东账户,凡是持股不足中签1手财通转债的,按照零头大小依次排序,直到将应配售的财通转债全部配完为止。

沪市转债配售1手所需金额为1000元,这里可以利用配售规则,按照精确算法原则获取超额配售。根据以往规律,沪市转债只需要按照正常测算配置股数的70%左右,即可按照精确算法取整原则获配1手转债。以财通转债为例,正常获配1手(10张)财通转债需要买入944股财通证券股票,而实际操作中买入661股(944×0.7)即可获配1手财通转债。因为A股最低买入为100股,所以我们取整数买入700股。假如我们在T-1日(2020年12月9日)按照收盘价(13.01元)买入700股财通证券,在不考虑交易佣金的情况下,总买入成本为9107元;同时我们在T日(2020年12月10日)以开盘价(12.8元)卖出该700股财通证券,总计亏损147元。假设我们所持700股财通转债最终配售1000元财通转债,财通转债于2020年12月28日上市,上市当日开盘价111.48元,在不考虑交易佣金的情况下,上市首日卖出10张转债盈利114.8元。转债盈利、正股亏损,最终配售财通转债总计亏损32.2元。

具体参与配债的流程很简单,投资者在T-1日买入正股后,T日转债的配售代码会出现在证券账户持仓中。配债之前,投资者需要保证证券账户中有足够的资金。投资者在T日进入证券账户双击"配售代码",证券账户左侧出现卖出菜单,价格和配债代码都自动填好了,输入数量或点击"全部",然后点击"卖出"即完成配售转债(需要注意的是:有些券商在这里是"买入")。以财通转债为例,财通转债的配售简称为财通配债,配售代码为764108。

抢权配售策略可行吗

沪市可转债配售因为可以按照精确算法取整,所以为"一手党"配债投资者提供了套利机会。A股投资者可以在同一券商开通3个沪A账户,如果再加上1个信用账户,那么总共有4个沪A账户可以参与"一手党"配债。

对于参与配债的投资者而言,其首先需要考虑转债上市后的涨幅是否可以覆盖正股的下跌。如果像上文财通转债的情况,配债的最终结果就是亏损。对于中型和大盘转债而言,其上市首日涨幅是可以相对准确预估的,因为有明确的参照系,包括同行业转债、同规模转债以及参考转股价值等。但是小盘转债尤其是微盘转债,上市后容易被游资炒作,经常会涨至不合理的高价,因此在配债时具有相对优势。

以永吉转债(113646)为例,因为永吉转债发行规模仅1.459亿元,加之上市后大股东配债还有6个月的锁定期,所以实际流通规模更小。永吉转债于2022年5月17日挂牌后被炒至最高436元,上市首日转股价值仅80.14元,转股溢价率高达369.4%,完全是不合理的高价。永吉转债的正股是永吉股份(603058.SH),根据集思录的数据，配售10张永吉转债需要买入约2850股永吉股份。假设我们按照70%的比例买入取整后的永吉股份2000股，在股权登记日（2022年4月13日）按照收盘价7.92元买入2000股永吉股份，然后在转债申购日（2022年4月14日）按照开盘价7.69元卖出永吉股份，总计亏损460元；假设我们按照最高价436元卖出永吉转债，则卖出10张永吉转债获利3360元，本次"一手党"配售永吉转债总共获利2900元。

当然，以上对永吉转债的卖出价以最高价为假设前提。我们统计了2022年至2023年11月28日已上市的19只小盘转债，每只转债的发行规模均在3亿元以下。对于这些转债，我们没有区分沪市或深市，配售10张转债所需股数取自集思录的数据，没有按照理想数据的70%计算后取整；转债盈利按照转债上市后5个交易日内的转债最高价卖出计算，股票盈利按照T-1日收盘价买入、T日开盘价卖出计算，最终盈利数据则是转债盈利加上股票盈利数据的总和。可以看出，因为股票在T-1日属于含权股票，在T日基本都是开盘下跌，除了卡倍亿（300863.SZ）之外，其余18只正股全部在T日开盘即除权下跌。若所有19只小盘转债全部参与"一手党"配售，总计盈利10885元，平均每只盈利573元，其中有3只转债配债出现亏损（见表10-1）。

表10-1 小盘转债配债数据

转债名称	规模（亿元）	申购日（T日）	配售10张所需股数（股）	转债盈利（元）	股票盈利（元）	最终盈利（元）
三羊转债	2.1	2023-10-26	382	2040	-1123	917
泰坦转债	2.955	2023-10-25	731	1970	-658	1312

续表

转债名称	规模（亿元）	申购日（T日）	配售10张所需股数（股）	转债盈利（元）	股票盈利（元）	最终盈利（元）
章鼓转债	2.43	2023-10-17	1285	710	-912	-202
盟升转债	3	2023-09-12	534	570	-876	-306
聚隆转债	2.19	2023-07-26	494	1030	-706	324
开能转债	2.5	2023-07-20	2248	990	-765	225
亚康转债	2.61	2023-03-21	307	1050	-553	497
声讯转债	2.8	2022-12-30	293	1170	-437	733
恒锋转债	2.42	2022-12-30	679	1180	-197	983
蒙泰转债	3	2022-11-02	320	440	-426	14
崧盛转债	2.94	2022-09-27	418	250	-347	-97
永吉转债	1.46	2022-04-14	2850	3360	-656	2704
山石转债	2.67	2022-03-22	675	1260	-203	1057
聚合转债	2.04	2022-03-07	1548	2030	-666	1364
盘龙转债	2.76	2022-03-03	310	570	-205	365
天地转债	1.72	2022-03-14	804	350	-193	157
丝路转债	2.4	2022-03-02	498	430	-294	136
泰林转债	2.1	2021-12-28	248	470	-248	222
卡倍转债	2.79	2021-12-27	198	330	150	480

资料来源：集思录。

对于参与"一手党"配债的投资者而言，抢权配售策略本身存在风险，投资者除了考虑转债发行规模之外，同时可以参考发行时转债的转股价值，正股所处行业、是否热门概念股等。

第十一章
转债切换套利

同行转债切换套利

相同行业的转债,很多时候质地相同。在二级市场交易中,经常存在一只被低估而另一只被高估的情况,此时即可进行切换套利。而同一家公司发行有转1和转2并行交易的转债,更会不时出现这种切换套利的机会。

截至2020年9月18日,共有10只银行转债上市交易,其中评级为AAA和AA+的银行转债各5只。2020年9月18日,青农转债(128129)上市,青农转债的正股是青农商行(002958.SZ),公司为青岛农商银行。青农转债发行规模为50亿元,挂牌首日开盘价为108.95元,受上市首日抛售影响,青农转债盘中最低价为106.5元,转股溢价率约16%。而作为交易价格同在107元附近的银行转债,苏农转债(113516)和紫银转债(113037)的转股溢价率则分别高达24%和21%,而且苏农转债和紫银转债的评级为AA+,比青农转债的AAA评级低。

同时,这3只银行转债均要求下调转股价不能低于每股净资产,苏农银行PB为0.72倍,无下修空间,转债期权价值受限;而青农商行PB为1.2倍,有下调空间,也比紫金银行的1.1倍PB下调空间大。通过比较3只转债,青农转债的期权价值更有保障。

从正股波动率来看,青农商行也在3只正股里排名第一,波动率为43.45%；相对而言，苏农银行的波动率仅为27.34%（见表11-1）。3只转债中，不管是从转债评级、转股溢价率，还是从正股波动率、转债下调转股价的空间来看，青农转债都是最优的，其唯一劣势就是纯债价值略低。

表11-1 3只银行转债对比

代码	转债名称	现价（元）	正股	正股涨跌（%）	PB	转股溢价率（%）	纯债价值（元）	评级	正股波动率（%）
113516	苏农转债	107.85	苏农银行	2.14	0.72	24.81	98.14	AA+	27.34
113037	紫银转债	107.86	紫金银行	2.15	1.1	19.98	90.93	AA+	40.41
128129	青农转债	109.1	青农商行	3.60	1.2	14.45	89.29	AAA	43.45

资料来源：集思录。

同时，银行股在A股经常表现为同涨同跌，而苏农银行、紫金银行和青农商行同为区域性商业银行，同质化严重。多项条款优秀的青农转债因为上市首日抛压，在3只同价格转债中明显低估。因为笔者之前持有紫银转债，所以青农转债上市首日是完美的切换机会，那就卖出紫银转债，买入青农转债，即在同行业同质化公司中买入便宜的转债，卖出昂贵的转债。2020年9月18日，在正股紫金银行上涨的情况下，紫银转债快速下跌，就反映了市场这种卖贵的趋势，而买入便宜的青农转债，在当日至少可以获得2%的切换收益。

同行业转债的切换策略是：在持有同行业同价格转债的前提下，

根据转股溢价率、转债评级、正股波动率等指标,卖出贵的,买入便宜的。

转 1 和转 2 切换套利

以山鹰转债(110047)和鹰19转债(110063)为例,这两只转债的正股均是山鹰国际(600567.SH),公司主营"山鹰牌"各类包装纸板、纸箱及其他纸制品的生产和销售。山鹰转债和鹰19转债的转股价均为2.37元。山鹰转债的剩余规模为22.455亿元,鹰19转债的剩余规模为18.092亿元,两者差距不大。

截至2023年12月4日收盘,山鹰转债报价109.311元,鹰19转债报价107.213元;山鹰转债的到期税前收益率为3.49%,鹰19转债的到期税前收益率为3.38%,两者差距不大;山鹰转债的转股溢价率为25.15%,鹰19转债的转股溢价率为22.75%;山鹰转债的剩余年限为0.967年,鹰19转债的剩余年限为2.207年。山鹰转债与鹰19转债的对比如表11-2所示。

表11-2 山鹰转债与鹰19转债对比

指标	山鹰转债	鹰19转债
价格(元)	109.311	107.213
转股价(元)	2.37	2.37
转股价值(元)	87.34	87.34
转股溢价率(%)	25.15	22.75

续表

指标	山鹰转债	鹰19转债
剩余规模（亿元）	22.455	18.092
剩余年限（年）	0.967	2.207
到期税前收益率（%）	3.49	3.38

资料来源：集思录。

投资者可在山鹰转债和鹰19转债之间进行切换。按照2023年12月4日收盘价，鹰19转债比山鹰转债低2.098元，投资者应该卖出山鹰转债，同时买入鹰19转债。

第十二章
小盘转债五象限投资法

选债标准

相比投资大盘转债赚钱主要靠正股上涨推动，小盘转债可能实现"戴维斯三击"：正股上涨、转债成妖和下修转股价，有更多的可能性。有人认为交易所新规出台之后可能会让妖债覆灭，但不要忘记，在证券市场，投机像山岳一样古老，当合适的土壤出现，投机之花自然生长，在120元以下入手小盘转债就是兼顾下有底和上无顶，是胜率和赔率都很好的游戏。笔者独创的小盘转债五象限投资法，就是将小盘转债分为五个象限，然后依据数据交易，简单易行、风险可控、穿越牛熊，过去5年年化收益率均在10%以上。

小盘转债五象限投资法选择买入转债的标准有五个方面：转债剩余规模小于10亿元，转债剩余年限超过1年，转债评级高于A，转债价格低于120元，不买入已公布强赎的转债。下文分别解释这五方面。

第一，转债剩余规模小于10亿元。小盘转债首先是小，那为什么选择转债剩余规模在10亿元以下？这是长期配置的经验所得，万得可转债小盘指数亦是以10亿元以下规模为标准的。当然，规模肯定越小越好，但是在正常情况下（不包含转债评级被下调为垃圾级或者有违约风险的情况），规模越小，转债价格越高。我们如果只是选择1亿元或者2亿元规模的转债，除了价格昂贵之外，也很难达到资产配置的目的。另外，对于上市时间在6个月以内的转债，因为大股东配置转债后

第十二章 小盘转债五象限投资法

限售的原因，10亿元规模的转债的实际流通规模会大大低于总规模。

第二，转债剩余年限超过1年。可转债有看涨期权价值，对于期权而言，剩余时间越短，看涨期权价值越低，此时的转债价值向转股价值和债底看齐；对于短期期权而言，每日时间损耗值较大，值博率下降，因此我们选择的可转债的剩余年限必须在1年以上。

第三，转债评级高于A。这是一个避雷标准，如果转债评级低于A，比如B或C及以下，那么这类转债已经隐藏着爆雷甚至违约的风险。这类小盘转债虽然也有炒高甚至成妖的可能性，但是风险极高，不是我们配置的目标。从安全性角度来看，我们选择规避评级低于A的转债。

第四，转债价格低于120元。对于低风险投资品种转债来说，我们买入价格的标准是越低越好。当然，对于小盘转债而言，价格水位显然高于大盘转债，我们设置的买入标准是120元以下。

第五，不买入已公布强赎的转债。强制赎回是公司的权利，当公司公布对转债进行强赎后，转债的转股溢价率将消失殆尽，转债价格基本等于转股价值或者赎回价，此时的转债成为一只到期日在1个月以内的转债，不再是我们配置的目标。

在按照以上五个标准选出转债后，我们将继续以转债波动率、正股波动率和转股溢价率三项指标来执行五象限投资法。我们按照这三项指标将选出的转债分为五个象限，分别是钻石象限、黄金象限、白银象限、青铜象限和生铁象限（见图12-1）。

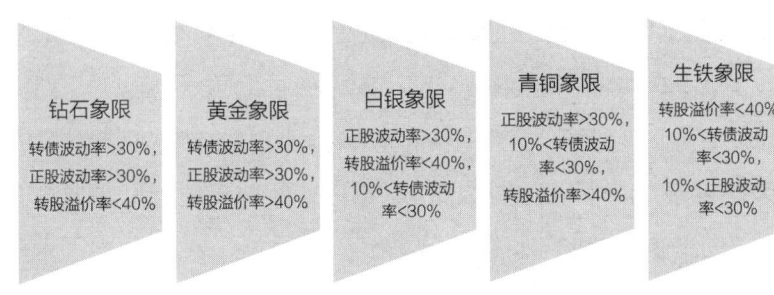

图 12-1 小盘转债五象限投资法

根据命名可知，这五个象限的转债，从质量的角度看：钻石转债>黄金转债>白银转债>青铜转债>生铁转债。投资者可根据自己的资金情况进行分类配置。从控制风险的角度看，单只转债占总投资的比例不超过2%，即配置转债数量最低应保持在50只以上，最好是多行业配置，以达到充分分散风险的目的。对于不同象限的转债，钻石、黄金和白银象限的总配置比例建议在70%左右，青铜和生铁象限的总配置比例在30%左右。投资如战斗，兵无常势，水无常形，由于转债市场每日在动态变化，实际配置比例可适当调整。对于正股或行业质地优秀、买入时处于周期性行业底部的转债，投资者可加大配置力度。使用五象限投资法提高收益率，需要投资者对公司和行业非常熟悉。另外，对于此前有转股价下修记录的转债，亦可适当提高配置比重。

至于如何使用小盘转债五象限投资法，下文会分小节详述。

第十二章 小盘转债五象限投资法

钻石象限

小盘转债五象限投资法是一种兼顾进攻性和防守性的投资策略，防守性体现在低价买入、评级处于投资级，而进攻性体现在转债和正股的高波动性，以及较低的转股溢价率。

钻石象限是最优象限，转债波动率和正股波动率均大于30%，说明不管是转债本身还是其依附的正股，均具有较高的波动率。同时转股溢价率低于40%，也保证了当正股上涨时，转债能有效跟随正股上涨幅度甚至高于正股上涨幅度，因为过高的转股溢价率可能导致正股上涨时转债滞涨，从而不符合本策略的进攻性要求。以智能转债（128070）2023年9月8日收盘为例，在暂不考虑价格的情况下，智能转债完全符合钻石象限的要求。智能转债剩余规模为2.292亿元，评级为A+，剩余年限为1.816年，年化波动率为52.51%，正股智能自控（002877.SZ）的年化波动率为53.61%，转股溢价率为36.46%。

智能转债自2019年7月23日上市至2023年9月8日4年时间内，共有9个时间段低于120元（买入机会），同时在随后的时间段价格超过130元（卖出机会），其中最低价为91.46元，最高价为360元（见表12-1）。

我们按照钻石象限的要求，以2023年9月8日收盘为基准，选出符合要求的转债作为钻石象限的转债池（见表12-2）。投资者在使用钻石象限时，需要注意以下几点：

表 12-1 智能转债数据

时间段	最低价（元）	最高价（元）
2019年7月23日至2020年3月16日	98.8	
2020年3月17日至2020年3月31日		157
2020年4月1日至2020年4月14日	105.5	
2020年4月15日至2020年5月6日		141.36
2020年5月7日至2020年10月20日	100.8	
2020年10月21日至2020年12月9日		360
2020年12月10日至2021年5月7日	91.46	
2021年5月8日至2021年5月12日		149.5
2021年5月13日至2021年7月13日	107.12	
2021年7月14日至2021年7月15日		139.89
2021年7月16日至2022年4月19日	108	
2022年4月20日至2022年4月24日		173.9
2022年4月25日至2022年5月11日	111	
2022年5月12日至2022年8月23日		173.8
2022年8月23日至2022年11月23日	117.13	
2022年11月24日至2022年11月25日		134.5
2022年11月28日至2023年1月20日	119.3	
2023年1月21日至2023年9月8日		194.67

资料来源：万得。

表 12-2 钻石象限转债数据

转债名称	转债价格（元）	转债规模（亿元）	剩余年限（年）	转债波动率（%）	正股波动率（%）	转股溢价率（%）
永吉转债	140.75	1.38	4.6	33	34	40
海波转债	135	1.49	3.23	33	45	23

第十二章 小盘转债五象限投资法

续表

转债名称	转债价格（元）	转债规模（亿元）	剩余年限（年）	转债波动率（%）	正股波动率（%）	转股溢价率（%）
新天转债	159	1.52	2.31	45	45	13
今飞转债	132	1.72	1.47	33	39	36
华锋转债	146	2.01	2.24	36	40	17
金轮转债	130	2.14	2.1	30	34	29
智能转债	149	2.29	1.81	52	53	36
华钰转债	147.7	2.38	1.76	30	38	15
斯莱转债	138.1	2.39	3	39	42	28
恒锋转债	139	2.42	5.3	82	50	29
永鼎转债	164	2.6	1.59	54	57	35
法兰转债	143	2.75	2.88	35	42	16
华统转债	177	2.86	2.58	37	42	12
贵广转债	144	2.88	1.48	43	53	15
蒙泰转债	125.4	3	5.14	48	36	24
武进转债	129	3.1	5.83	134	36	39
金沃转债	120.9	3.1	5	30	31	31
易瑞转债	130	3.28	5.9	216	52	24
胜蓝转债	123.5	3.3	4.55	42	36	39
华亚转债	130	3.4	5.2	52	47	38
共同转债	114.8	3.8	5.2	67	48	38
力合转债	131	3.8	5.78	97	43	40
沿浦转债	129	3.84	5.4	46	45	31
商络转债	134.5	3.95	5.1	40	45	16
寿22转债	135.9	3.97	5.18	38	37	24

可转债炼金术

续表

转债名称	转债价格（元）	转债规模（亿元）	剩余年限（年）	转债波动率（%）	正股波动率（%）	转股溢价率（%）
华设转债	128	4	5.8	66	31	34
光力转债	136.3	4	5.6	82	44	32
冠中转债	130	4	5.8	161	48	32
测绘转债	140	4.06	5.4	94	46	17
煜邦转债	116.7	4.1	5.8	44	42	35
火炬转债	154	4.17	2.7	40	34	7
福新转债	126.6	4.28	5.3	51	31	10
明电转02	127	4.48	5.8	127	30	29
博实转债	140	4.5	5	37	34	31
大元转债	134.7	4.5	5.2	37	43	16
恩捷转债	128.3	4.53	2.4	52	43	35
东宝转债	120.7	4.55	5.8	60	31	27
祥源转债	125.2	4.6	5.8	76	34	19
星帅转2	126.5	4.62	5.7	63	39	29
新致转债	182	4.84	5	55	64	5
丰山转债	120.5	5	4.79	35	43	24
金埔转债	121.5	5.2	5.7	56	36	23
蓝晓转02	133.7	5.46	5.5	48	41	37
东杰转债	121	5.62	5	39	34	22
富仕转债	124.9	5.7	5.9	156	39	36
万顺转2	128	5.7	3.2	34	38	25
法本转债	135	6	5.1	43	53	6
赫达转债	126	6	5.8	76	33	25

第十二章 小盘转债五象限投资法

续表

转债名称	转债价格（元）	转债规模（亿元）	剩余年限（年）	转债波动率（%）	正股波动率（%）	转股溢价率（%）
宇瞳转债	124.9	6	5.9	72	36	36
冠盛转债	133.5	6	5.3	47	37	9
星球转债	134.8	6.2	5.8	158	39	35
新化转债	127.8	6.5	5.2	30	39	29
东亚转债	135	6.9	5.8	88	37	17
永羊转债	150	6.95	5.55	46	46	12
银轮转债	182	7	3.7	34	47	10
金丹转债	121	7	5.8	70	30	21
天路转债	129	7	2	30	39	17
科思转债	152	7.24	5.5	92	47	17
中钢转债	149	7.6	3.5	37	47	-0.09
永和转债	136	8	5	52	48	16
帝尔转债	123	8.3	3.8	30	48	40
南电转债	126.8	9	5.1	31	40	32
立中转债	132	9	5.8	112	45	35
岱美转债	140	9.07	5.8	136	49	25
天阳转债	123	9.75	5.5	44	39	37
金盘转债	127	9.76	5	42	51	40
精锻转债	132	9.8	5.4	35	44	21

资料来源：集思录。

第一，对于刚上市不久的转债，比如剩余年限在5.5年以上的转债，考虑到转债刚上市的一段时间内波动率较高，此时超过30%的转债波动率可能失真,并非转债的真实波动率,应更多地参考正股的波动率。

第二,就正股波动率而言,如果正股上市时间在一年之内,属于次新股,波动率过高,则可能存在失真问题。

第三,就三项指标而言,转债波动率和正股波动率越高越好,30%只是最低标准;转股溢价率越低越好,40%只是最高标准。

黄金象限

小盘转债黄金象限的投资标准为:转债波动率>30%,正股波动率>30%,转股溢价率>40%。

黄金象限与钻石象限唯一的不同点是转股溢价率可以大于40%。在这个象限,投资者的重点是赚取波动率,在满足转债波动率和正股波动率双高的情况下,放宽了对转股溢价率的要求。当正股大涨尤其是封死涨停时,无法买入正股的投资者往往会转向买入正股对应的转债,此时,转债也会跟随正股上涨,更有甚者涨幅超过正股。以联创转债(128101)为例,2023年9月22日,联创转债报价122.7元,转债年化波动率为32.47%,正股年化波动率为43.37%,转股溢价率为79.65%,符合黄金象限的要求。2023年7月4日,正股联创电子(002036.SZ)股价涨停(上涨10%),当日联创转债上涨20%,投资者买入转债获得了比正股更高的收益率。联创转债于2020年4月13日挂牌上市,历史最低价为98.53元,最高价为219.56元;历史上有多次低于120元的机会供投资者买入,同时有多次高于130元的机会供投资者获利卖出。

对于黄金象限,正股和转债的波动率当然是越高越好,而转股溢价率是越低越好。投资者投资黄金象限的转债,更应该重视转债规模,当正股向上大幅波动甚至涨停时,转债规模越小,投资者越容易获得超额回报。

我们根据黄金象限标准选出的转债池见表12-3。需要注意的是,这个转债池基于截至2023年9月22日的转债数据,而转债的数据每日都在变化,投资者在选择黄金象限的转债时,要参考以上三项投资标准,当转债池中的转债不符合标准时要及时剔除,同时将符合标准的转债纳入转债池。

表12-3 黄金象限转债数据

转债名称	转债价格（元）	转债规模（亿元）	剩余年限（年）	转债波动率（%）	正股波动率（%）	转股溢价率（%）
东时转债	150.95	0.98	2.58	30	33	200
尚荣转债	137.5	1.89	1.43	51	46	71
泰林转债	129.9	2.08	4.3	36	66	123
聚隆转债	160	2.18	5.88	184	32	62
联诚转债	126.39	2.6	2.84	38	36	46
声讯转债	166	2.8	5.3	95	64	77
佳力转债	130.7	2.98	2.88	39	53	55
联创转债	126.6	2.99	2.51	33	43	72
浙矿转债	117.6	3.2	5.4	82	37	67

可转债炼金术

续表

转债名称	转债价格（元）	转债规模（亿元）	剩余年限（年）	转债波动率（%）	正股波动率（%）	转股溢价率（%）
山河转债	125.8	3.2	5.7	70	40	52
晓鸣转债	117.7	3.29	5.5	33	40	52
能辉转债	116.7	3.47	5.5	45	54	62
正元转02	124.1	3.5	5.6	50	40	48
新港转债	175	3.69	5.4	89	39	72
海泰转债	170	3.96	5.7	150	48	62
百畅转债	120	4.2	5.4	43	47	48
宏微转债	123.7	4.3	5.8	75	44	43
兴瑞转债	150.5	4.62	5.86	173	45	76
大叶转债	157.9	4.76	5.8	163	39	86
国力转债	136.9	4.8	5.7	72	53	44
华宏转债	113.6	5.15	5.2	40	39	57
上声转债	180	5.2	5.8	134	54	109
春23转债	116.7	5.7	5.5	42	30	46
神通转债	153	5.77	5.8	170	46	65
李子转债	125	6	5.77	81	41	48
志特转债	112.7	6.14	5.5	30	44	75
海顺转债	117	6.33	5.5	31	35	46
福蓉转债	156	6.4	5.8	164	35	56
芳源转债	107	6.41	5	30	42	123
华特转债	123.8	6.46	5.5	79	47	55
智尚转债	134	7	5.5	66	43	52
福立转债	121	7	5.9	78	55	42

续表

转债名称	转债价格（元）	转债规模（亿元）	剩余年限（年）	转债波动率（%）	正股波动率（%）	转股溢价率（%）
建龙转债	112	7	5.4	34	61	96
广联转债	119.9	7	5.5	44	33	50
金23转债	118.7	7.7	5.5	36	47	66
立高转债	116	9.5	5.4	60	39	67
铭利转债	116	10	5.8	46	50	55

资料来源：集思录。

白银象限

小盘转债白银象限的投资标准为：正股波动率>30%，转股溢价率<40%，10%<转债波动率<30%。

小盘转债白银象限的一个重要变化就是转债波动率高于10%但低于30%，即转债本身的波动率较低，而正股波动率大于30%。这使得正股大幅向上波动时，转债的波动率有上涨的可能性。同时，白银象限转债的转股溢价率小于40%，也使得转债在正股上涨时具有一定的进攻性。

以思特转债（123054）为例，思特转债于2023年9月25日报价136.63元，转债年化波动率为21.66%，正股年化波动率为45.72%，转股溢价率为35.13%。思特转债于2020年7月6日挂牌上市，历史上最低价为85.4元，最高价为202.8元，有多次价格低于

120元可供买入，同时有多次价格高于130元可供卖出。

就转债的波动率而言，我们使用的集思录数据是年化波动率。当正股大幅上涨时，转债的波动率会高于年化波动率，这也是我们敢于买入转债波动率较低的白银象限转债的原因。只要我们在低价时买入，在转债大幅上涨同时转债短期波动率大于年化波动率时卖出，就可能既赚到正股上涨的利润，又获得转债波动率上涨的利润。

我们限定了转债波动率不低于10%，如果再用严格的标准，可以把转债年化波动率限定在不低于15%或者20%。因为过低的转债波动率（低于10%）可能会使正股上涨时，转债涨幅难以完全跟上正股的涨幅，尤其是在正股并未涨停的情况下（此时并不会促使未能买入正股的投资者转而追逐转债）。以博瑞转债（118004）为例，博瑞转债的年化波动率仅为8.6%，2023年9月25日，正股博瑞医药涨停（上涨20%），而博瑞转债的涨幅不足1%。

我们根据2023年9月25日集思录数据选出的符合白银象限的转债池见表12-4。需要注意的是，转债数据在交易日是随时变化的，表12-4的数据仅供参考。

表12-4 白银象限转债数据

转债名称	转债价格（元）	转债规模（亿元）	剩余年限（年）	转债波动率（%）	正股波动率（%）	转股溢价率（%）
联得转债	151	1.47	2.3	25	56	31
正裕转债	127	1.5	2.31	14	32	32
翔港转债	123	1.61	2.47	11	38	37

第十二章 小盘转债五象限投资法

续表

转债名称	转债价格（元）	转债规模（亿元）	剩余年限（年）	转债波动率（%）	正股波动率（%）	转股溢价率（%）
天地转债	142	1.72	4.51	24	37	7
思特转债	140	2.07	2.75	22	45	27
宏辉转债	120.2	2.24	2.47	10	30	40
万讯转债	143.85	2.26	3.58	25	43	14
丝路转债	130.2	2.39	4.48	19	45	40
锋龙转债	125.9	2.43	3.33	17	37	37
航新转债	126.4	2.49	2.87	12	33	39
维格转债	124.4	2.86	1.37	13	37	28
润禾转债	125	2.92	4.86	20	47	40
淳中转债	129	3	2.86	23	51	33
国光转债	118	3.2	2.87	11	30	40
奇精转债	126	3.3	1.26	18	30	24
泰福转债	123.5	3.34	5	23	31	18
英力转债	119.2	3.4	4.86	12	37	35
汇通转债	111	3.6	5.2	21	33	38
深科转债	130.6	3.6	4.9	21	49	34
华源转债	130	3.6	1.2	21	43	6
聚飞转债	135	3.74	2.5	20	43	22
设研转债	129	3.75	4.17	17	34	21
应急转债	123.8	3.79	2.58	14	37	36
朗科转债	116.8	3.8	3.4	11	30	34
银信转债	135	3.9	2.84	23	54	14
长久转债	135.3	3.93	1.16	18	53	12

可转债炼金术

续表

转债名称	转债价格（元）	转债规模（亿元）	剩余年限（年）	转债波动率（%）	正股波动率（%）	转股溢价率（%）
博汇转债	123.6	3.97	4.93	26	41	18
耐普转债	134.7	4	4.13	16	37	13
华锐转债	135.6	4	4.7	24	50	27
英特转债	136.4	4.06	3.3	28	47	13
晨丰转债	127	4.14	3.9	14	38	7
明电转债	123	4.18	3.2	14	30	32
富淼转债	114.4	4.5	5.2	28	36	34
新星转债	121.8	4.53	2.9	12	33	24
胜达转债	127.9	4.74	2.8	17	35	14
科蓝转债	125	4.94	4.97	25	38	37
天箭转债	123.6	4.95	4.94	23	39	39
微芯转债	122.9	5	4.81	19	37	36
小熊转债	137	5.04	4.9	28	43	16
精达转债	137	5.09	2.9	25	31	15
彤程转债	137	5.36	3.3	25	45	38
远东转债	129	5.43	2	20	37	13
润达转债	134.5	5.48	2.7	28	53	22
洁美转债	128	6	3.1	21	35	30
锦鸡转债	115	6	4.1	11	34	19
松霖转债	119.8	6.1	4.8	16	31	36
飞凯转债	137	6.18	3.2	28	33	22
奥飞转债	126	6.34	4.2	22	48	34
湘佳转债	108	6.4	4.6	14	33	40

第十二章 小盘转债五象限投资法

续表

转债名称	转债价格（元）	转债规模（亿元）	剩余年限（年）	转债波动率（%）	正股波动率（%）	转股溢价率（%）
孚日转债	122	6.44	2.2	16	31	10
特纸转债	125.4	6.6	4.2	15	37	24
明新转债	129	6.7	4.5	22	43	18
天能转债	123.7	6.9	3.1	28	34	32
永安转债	116.6	7.3	3.1	14	33	26
珀莱转债	135.7	7.5	4.2	18	34	26
隆华转债	124.9	7.98	3.8	19	37	29
华兴转债	130	8	4.2	23	49	29
漱玉转债	119.5	8	5.2	26	46	33
柳药转债	123	8	2.3	16	36	36
豪美转债	124	8.2	4.3	12	35	20
交建转债	124.9	8.4	3	17	47	31
普利转债	125	8.5	3.4	15	45	21
三角转债	130	9	3.6	20	32	35
起帆转债	119	10	3.6	29	42	35
世运转债	123	10	3.3	16	38	35
巨星转债	129	10	4.6	21	50	24

资料来源：集思录。

符合白银象限的转债是转债波动率低而正股波动率高，那么是否存在转债波动率高于正股波动率的情况呢？当然存在，实际交易中主要有两类转债：

第一类是刚上市不久的次新转债。以2023年8月18日上市的燃23

转债（113067）为例，截至2023年9月25日，该转债上市仅27个交易日。燃23转债的正股是深圳燃气（601139.SH），公司主营业务是深圳市管道燃气供应、液化石油气批发、瓶装液化石油气零售、燃气投资业务，属于公用事业行业。正股年化波动率仅为18.14%，但是转债年化波动率高达49.82%。燃23转债发行规模高达30亿元，此时高达49.82%的转债年化波动率仅因为它是一只次新转债而已，转债未来波动率大概率会向正股波动率靠拢，所以某些次新转债的波动率具有欺骗性，投资者在使用时要参考正股波动率。

第二类是高价小盘妖债。以溢利转债（123018）为例，溢利转债剩余规模仅为0.541亿元。截至2023年9月25日收盘，溢利转债报价319元，转股价值仅为91.06元，转股溢价率为250.44%。溢利转债的正股波动率仅为24.97%，转债波动率高达50.64%，属于典型的小盘妖债。这类转债完全脱离了投资价值，属于投机范畴，主要原因是流通盘过小，不属于我们投资转债的考虑范围。

青铜象限

小盘转债青铜象限的投资标准为：正股波动率>30%，10%<转债波动率<30%，转股溢价率>40%。

相比钻石、黄金和白银象限，青铜象限对转债的要求进一步降低，需要满足正股波动率大于30%，而转债波动率和转股溢价率的要求均已大幅放宽。青铜象限的转债因为转股溢价率大于40%，所以本

第十二章 小盘转债五象限投资法

质上也是一个赚取波动率的组合。与黄金象限不同的是，青铜象限的转债波动率相对较低，为大于10%且低于30%。因为转债波动率属于年化波动率，当正股大幅上涨甚至涨停时，我们可以期望转债的短期波动率高于年化波动率，这就是投资青铜象限转债的利润之源。

以华体转债（113574）为例，截至2023年9月25日，华体转债报价113.93元，正股年化波动率为36.53%，转债年化波动率为19.88%，转股溢价率为157.46%。华体转债于2020年4月27日挂牌上市，历史最低价为93.36元，最高价为148.68元，有多次价格低于110元的情形，也有多次价格超过130元的情形。

对于青铜象限转债的投资而言，当然是正股波动率和转债波动率越高越好，转股溢价率越低越好。因为该象限本质上属于赚取波动率的象限，所以投资者应尽量选择规模小的转债。表12-5是截至2023年9月25日根据集思录数据选出的青铜象限转债，该转债池仅供参考。青铜象限转债的质地相对于钻石、黄金和白银象限而言，已经越来越差。对于此象限的转债，我们可以对买入价格和买入数量赋予较低的权重，比如将买入价格上限控制在110~115元，将买入数量控制在钻石象限转债的1/2甚至1/3左右。

表12-5 青铜象限转债数据

转债名称	转债价格（元）	转债规模（亿元）	剩余年限（年）	转债波动率（%）	正股波动率（%）	转股溢价率（%）
乐歌转债	129	1.42	3.12	10	43	210
春秋转债	124	1.77	2.6	17	30	60

可转债炼金术

续表

转债名称	转债价格（元）	转债规模（亿元）	剩余年限（年）	转债波动率（%）	正股波动率（%）	转股溢价率（%）
华体转债	115.5	2.08	2.56	20	36	147
震安转债	116.13	2.49	3.51	17	38	163
山石转债	126.28	2.67	4.53	22	40	55
兴森转债	141	2.68	1.86	25	47	50
崧盛转债	115.2	2.94	5.04	24	36	44
威唐转债	121.4	3.01	3.26	16	48	62
翔鹭转债	114.9	3.01	1.94	18	34	95
道恩转债	116	3.58	2.8	13	38	129
阿拉转债	116.8	3.87	4.5	19	45	72
芯海转债	113.6	4.1	4.8	15	44	108
瑞科转债	115.7	4.3	4.9	25	43	63
洁特转债	105	4.4	4.79	10	37	193
奥佳转债	115.8	4.58	2.45	19	40	44
昌红转债	113.8	4.59	3.55	13	46	107
美诺转债	111.4	4.76	3.3	19	39	73
高测转债	120.9	4.83	4.85	22	48	58
三诺转债	117.4	4.98	3.2	16	45	62
银微转债	119.5	5	4.8	15	39	45
风语转债	121.3	5	4.5	20	49	47
豪能转债	119	5	5.2	21	37	43
健友转债	112.7	5.02	2.6	12	33	135
科达转债	110	5.15	2.4	23	45	151

续表

转债名称	转债价格（元）	转债规模（亿元）	剩余年限（年）	转债波动率（%）	正股波动率（%）	转股溢价率（%）
晶瑞转2	116.8	5.22	3.9	13	50	72
鹿山转债	110.4	5.24	5.5	25	48	91
火星转债	116	5.29	4.8	17	44	95
中旗转债	117.4	5.4	5.4	28	40	43
申昊转债	115.5	5.5	4.5	15	37	67
华正转债	125	5.7	4.3	15	50	46
精装转债	114	5.76	4.4	15	50	45
富瀚转债	114.9	5.8	3.8	13	46	115
江山转债	117	5.8	3.7	15	50	69
万孚转债	111.3	5.9	2.9	16	45	129
台21转债	113	6	4.2	12	44	80
裕兴转债	113.7	6	4.5	15	36	46
弘亚转债	116	6	2.8	22	39	59
海能转债	118.3	6	5.5	28	38	42
好客转债	113	6.02	1.8	11	32	63
泉峰转债	113	6.2	4	18	41	79
大丰转债	124	6.3	1.5	15	39	42
多伦转债	119	6.4	3	17	38	62
游族转债	118.7	6.8	2	28	56	73
康医转债	112	7	4.8	18	47	49
新乳转债	118	7.18	3.2	12	37	46
佩蒂转债	114	7.2	4.2	16	38	59

续表

转债名称	转债价格（元）	转债规模（亿元）	剩余年限（年）	转债波动率（%）	正股波动率（%）	转股溢价率（%）
中宠转2	120	7.69	5.1	20	34	43
长集转债	107	8	2.5	12	37	54
回天转债	112.8	8.5	5.1	29	45	62
甬金转债	117	10	4.2	18	41	51

资料来源：集思录。

生铁象限

小盘转债生铁象限的投资标准为：转股溢价率<40%，10%<转债波动率<30%，10%<正股波动率<30%。

生铁象限转债也可以看作"三低"转债，即转股溢价率低于40%，转债年化波动率和正股年化波动率大于10%且低于30%。生铁象限转债的进攻性主要体现在转股溢价率较低，但由于转债和正股波动率均较低，转债上涨的驱动力主要来自正股上涨。当然，转债和正股的短期波动率也可能高于年化波动率，使投资者可能获得波动率上涨带来的收益。

对于生铁象限转债的投资，转股溢价率越低越好，转债波动率和正股波动率越高越好。生铁象限属于小盘转债五象限投资中的最后一个象限，可以说质地越来越差。我们可以通过控制最高买入价（比如110元），或者通过控制买入数量，达到资产配置的目的。表12-6是

第十二章 小盘转债五象限投资法

我们通过集思录数据选出的小盘转债生铁象限数据,数据截至2023年9月25日,仅供参考。

表12-6 生铁象限转债数据

转债名称	转债价格（元）	转债规模（亿元）	剩余年限（年）	转债波动率（%）	正股波动率（%）	转股溢价率（%）
飞鹿转债	144	1.5	2.74	22	27	17
联泰转债	126	1.92	1.37	12	20	31
凌钢转债	120.5	2.17	2.59	12	25	40
迪贝转债	128.4	2.29	2.12	12	27	19
长信转债	138	2.56	1.51	22	25	31
嘉泽转债	144.8	2.87	2.95	25	25	18
合兴转债	114.9	3	1.93	11	20	37
九洲转2	124.6	3.06	3.28	15	25	20
汽模转2	121.3	3.1	2.29	13	27	30
宏丰转债	128	3.21	4.5	14	28	9
京源转债	119.7	3.32	4.9	10	22	19
永东转2	115	3.79	4.57	15	27	38
亚泰转债	115.9	4.61	1.59	11	28	26
惠云转债	115.6	4.9	5.2	22	29	29
双箭转债	125.7	5.1	4.4	12	25	23
长海转债	120.9	5.5	3.28	14	24	36
富春转债	121.6	5.7	4.7	13	22	24
中辰转债	128.2	5.7	4.7	15	27	21
优彩转债	120	6	5.2	24	24	16
永02转债	121.5	6.1	4.8	20	28	40
濮耐转债	118	6.26	2.7	13	24	32
大禹转债	123	6.34	2.8	12	24	16

续表

转债名称	转债价格（元）	转债规模（亿元）	剩余年限（年）	转债波动率（%）	正股波动率（%）	转股溢价率（%）
宏川转债	130	6.7	2.8	15	27	12
利德转债	123.7	7.98	2.1	15	25	30
奇正转债	127	8	3	13	28	20
华翔转债	119	8	4.2	15	27	28
白电转债	120	8	2.1	11	28	27
会通转债	122	8.3	5.2	23	28	10
中环转2	113	8.6	4.6	11	25	27
新北转债	127	8.7	2.2	16	27	11
东湖转债	128	8.9	3.5	15	29	12
贵燃转债	126	9.15	4.2	13	29	7
皖天转债	123	9.3	4.1	13	29	11

资料来源：集思录。

卖出标准

对于小盘转债五象限投资法而言，买入价格有非常确定的标准，就是120元以下，而卖出价格的标准则是一个相当复杂的课题，大致可以分为以下几种情况：

第一，事件驱动型，即当正股发生驱动股价大涨的事件时，转债跟随正股大涨，此时投资者可以卖出转债。以众兴转债（128026）为例，众兴转债的正股是众兴菌业（002772.SZ），公司主营业务是食用菌的研发生产和销售。2021年白酒股表现强势，众兴菌业于2021年

第十二章 小盘转债五象限投资法

6月20日公告称计划以现金方式收购贵州茅台镇圣窖酒业股份有限公司100%的股权。在此利好刺激下,众兴菌业股价在2021年6月21日开盘即封死涨停(上涨10%),当日众兴转债上涨44.6%,报价144元(当时转债尚无20%的涨停限制),转股溢价率高达69.7%。考虑到众兴菌业至少需要5个连续涨停才能覆盖众兴转债高达69.7%的转股溢价率,而众兴菌业收购的圣窖酒业仅仅是茅台镇非著名酒厂,此时的众兴转债显然并未低估;同时考虑到众兴转债在2021年6月21日因为交易规则限制成交量较低,我们决定在次日开盘以148元卖出众兴转债。本次卖出就属于典型的事件驱动型卖出交易。对于转债卖出交易而言,有诸如正股并购交易、发布超预期盈利财报、重整、改变主营业务等事件驱动。

第二,对于黄金象限和青铜象限的转债,因为转股溢价率高于40%,所以当正股大涨或涨停时,若此时转债涨幅高于正股涨幅且价格在130元以上,在正股上涨无特别事件驱动的情况下且正股涨停时封成比低于1时,可考虑卖出转债。因为此时正股涨停封板量级较低,次日开盘大概率无法涨停,所以转债回调概率较大。以华体转债(113574)为例,华体科技于2023年9月6日涨停(上涨10%),但是封成比不高;当日华体转债涨停(上涨20%),报价139.68元,转股溢价率高达163%。我们应在当日涨停价果断地卖出华体转债,事实上,华体科技次日轻微高开后收盘大跌5%,而华体转债则大跌12.5%,报价115.52元,可以说是一日回到涨停前。如果是钻石、白银和生铁象限的转债,考虑到转股溢价率较低,在正股大涨或涨停的情况下,投资者可以在130元以上卖出,至于是一次性卖出还是分步卖出,则需视投资者的操作习惯而定。总之每次试图都在高点卖出是不可能完成的任务，投资者也可以结合技术分析、驱动正股上涨的事件等作为卖出参考依据。

第三，对于相同象限以及不同象限的转债，我们可以进行轮动操作。简言之，就是在卖出高价转债的同时买入低价转债，在相同价格条件下，可以卖出质地较差象限的转债，同时轮动到质地较优象限的转债，比如卖出黄金象限转债，同时轮动到钻石象限转债。我们的小盘转债五象限投资法本质上也是一个轮动组合，通过轮动，投资者可获取超额收益。

第四，对于行情呈趋势性上涨的行业的转债，投资者应尽力让利润奔跑。比如2020—2021年的白酒行业持续性大涨（例如伊力转债），2023年上半年因ChatGPT而引发的互联网AI股票大涨（例如游族转债）。当然，能让利润奔跑的前提是投资者对当年的热门行业有清晰的判断，并且耐心持有。

第五，止损卖出。当转债遇上"黑天鹅"事件或突发性利空，投资者要果断止损卖出。转债投资不仅要关注转债本身，还要关注正股。典型的利空事件包括正股巨额亏损甚至导致股票被ST、转债评级被降级尤其是降至A以下、公司被中国证监会立案调查、公司面临退市和破产风险等。

第六，投资者要克服一卖就飞的心理，每次都在最高点卖出是每个投资者的美好愿望，但实现起来几乎没有可能性。所以投资者可以设置多种卖出方式，比如设置条件单按照涨幅或价格卖出，分步按价格卖出，当然还有持有至转债公布强赎时卖出等。

第十三章
常见转债投资策略

双低轮动策略

可转债双低轮动策略由集思录网友yyb凌波提出。所谓双低，是指转债价格低和转股溢价率低，双低=转债价格+转股溢价率×100。截至2023年11月29日，A股总计挂牌545只转债，根据双低公式对计算结果进行排名，数值越小，排名越靠前；然后选取排名前20的转债进行买入，买入后定期或按照一定条件进行轮动。

双低轮动策略中，转债价格低尤其是接近于债底的价格，保证了转债向下空间有限；转股溢价率低保证了转债在正股上涨时具有较强的进攻性。双低轮动策略可以说是一种兼顾防守与进攻的转债交易策略，但是要正确使用双低轮动策略，需要注意以下几个前提：

第一，排除即将到期的转债。集思录的转债数据已经有双低栏目，根据截至2023年11月29日收盘的转债双低数据，在排名前30的双低转债中，亚太转债、迪龙转债、众兴转债、吉视转债、铁汉转债均属于即将到期的转债。这类转债的价格一般在到期赎回价附近，虽然转股溢价率不高，但是由于看涨期权价值几乎为零，投资者不要将临期债作为双低轮动的标的转债。按照yyb凌波的看法，应该排除到期时间在1年以内的转债，因为期权价值较低。

第二，排除已进入强赎期的转债。已进入强赎期的转债，看涨期权价值也基本归零，所以轮动时应该排除。根据截至2023年11月29

日收盘的转债双低数据，排名前30的双低转债包含中银转债，而中银转债已经于2023年11月25日发布了强赎公告。

第三，排除可交换债。可交换债的投资逻辑与可转债有明显的区别，一些可交换债的发行只是为了低成本融资，看涨期权价值存疑。

第四，转债评级在投资级以上，即转债评级最低为A，低于A的转债有违约风险，债底当然也很低，转股溢价率也低。根据截至2023年11月29日收盘的转债双低数据，排名前30的双低转债包含花王转债、思创转债、起步转债、亚药转债等4只低评级转债，这4只转债的评级分别为B-、BBB-、B-和B-。

第五，排除正股是ST股和正股股价接近1元的转债。虽然ST股的成因多种多样，但是正股被ST说明正股风险较高，低风险投资者应该将其转债排除在外；正股股价接近1元，说明正股有退市风险，相应的转债亦有退市风险，此类转债应该排除。

我们根据集思录双低数据筛选出排名前29的转债，如表13-1所示。

表13-1 双低转债数据

转债名称	现价（元）	正股名称	转股溢价率（%）	债券评级	正股波动率（%）	剩余年限	剩余规模（亿元）	双低
花王转债	103.227	ST花王	-0.33	B-	41.48	2.64年	2.446	102.9
思创转债	106.93	思创医惠	0.24	BBB-	43.51	3.16年	6.631	107.17
起步转债	97.503	ST起步	10.22	B-	30.94	2.36年	2.585	107.72
亚太转债!	107.815	亚太股份	0.18	AA	40.80	5天	9.971	108

可转债炼金术

续表

转债名称	现价（元）	正股名称	转股溢价率（%）	债券评级	正股波动率（%）	剩余年限	剩余规模（亿元）	双低
迪龙转债!	111.637	雪迪龙	-0.72	AA	34.07	28天	2.856	110.92
众兴转债!	105.845	众兴菌业	7.94	AA-	33.51	14天	4.077	113.79
吉视转债!	108.879	吉视传媒	6.36	AA+	33.40	28天	7.438	115.24
大秦转债	115.574	大秦铁路	-0.01	AAA	15.23	3.04年	286.352	115.56
红相转债	108.25	*ST红相	7.65	A+	46.32	2.29年	5.493	115.9
敖东转债	116.257	吉林敖东	0.25	AA+	20.45	0.29年	23.997	116.51
杭电转债	112.416	杭电股份	4.82	AA	28.95	0.27年	7.497	117.24
铁汉转债!	105.805	节能铁汉	11.76	AA	29.12	19天	8.027	117.57
亚药转债	117.32	亚太药业	2.69	B-	30.47	1.34年	6.568	120.01
无锡转债	105.51	无锡银行	15.97	AA+	18.06	0.17年	29.21	121.48
博世转债	112.517	博世科	10.54	A	29.21	0.60年	4.296	123.06
艾华转债	118.893	艾华集团	4.60	AA	25.55	0.26年	4.626	123.49
海澜转债	123.763	海澜之家	-0.13	AA+	31.38	0.62年	28.931	123.63
江银转债	106.5	江阴银行	18.14	AA+	17.47	58天	17.579	124.64
张行转债	108.05	张家港行	16.96	AA+	17.52	0.96年	24.97	125.01
招路转债	125.41	招商公路	0.61	AAA	25.07	1.31年	48.574	126.02
文科转债	107.152	文科园林	20.06	A-	27.60	2.73年	9.492	127.21
中银转债!	127.425	中国银河	-0.08	AAA	38.92	4.32年	22.937	127.35
岭南转债	112.162	岭南股份	15.54	A	47.46	0.71年	6.567	127.7

第十三章 常见转债投资策略

续表

转债名称	现价（元）	正股名称	转股溢价率（%）	债券评级	正股波动率（%）	剩余年限	剩余规模（亿元）	双低
中装转2	109.39	中装建设	18.37	AA-	35.59	3.38年	11.591	127.76
海亮转债	122.711	海亮股份	5.18	AA	17.86	1.98年	27.024	127.89
孚日转债	124.432	孚日股份	3.94	AA-	29.49	2.05年	6.443	128.37
平煤转债	129.387	平煤股份	-0.66	AAA	30.68	5.3年	28.999	128.73
凯中转债	127.897	凯中精密	0.89	AA-	30.23	0.67年	4.02	128.79
G三峡EB2	110.8	长江电力	18.25	AAA	14.57	3.51年	100	129.05

注："！"表示该转债即将到期或进入强赎期。
资料来源：集思录。

若参考以上数据，有22只转债将被排除，仅有7只转债可以入选双低轮动策略（见表13-2）；如果再加入价格因子排除转债价格在120元以上的，则仅剩3只转债可以进行买入轮动，分别是大秦转债、文科转债和中装转2。可以看出，截至2023年11月29日，执行可转债双低轮动策略，此时可买入的标的相对较少，不是一个好的入场时机。

表 13-2 双低转债优化后数据

转债名称	现价（元）	正股名称	转股溢价率（%）	债券评级	正股波动率（%）	剩余年限（年）	剩余规模（亿元）	双低
大秦转债	115.574	大秦铁路	-0.01	AAA	15.23	3.04	286.352	115.56
招路转债	125.41	招商公路	0.61	AAA	25.07	1.31	48.574	126.02

续表

转债名称	现价（元）	正股名称	转股溢价率（%）	债券评级	正股波动率（%）	剩余年限（年）	剩余规模（亿元）	双低
文科转债	107.152	文科园林	20.06	A-	27.60	2.73	9.492	127.21
中装转2	109.39	中装建设	18.37	AA-	35.59	3.38	11.591	127.76
海亮转债	122.711	海亮股份	5.18	AA	17.86	1.98	27.024	127.89
孚日转债	124.432	孚日股份	3.94	AA-	29.49	2.05	6.443	128.37
平煤转债	129.387	平煤股份	-0.66	AAA	30.68	5.3	28.999	128.73

资料来源：集思录。

双低轮动有多种轮出和轮入策略，比如在持有转债已开始强赎时轮出；在转债市场整体大跌时，如果出现比持仓转债双低值更优的转债，则可以进行轮动；在所持转债大涨而市场出现更优的双低转债时，可以进行轮动。

博弈下修策略

可转债的转股价可以下修，这是上市公司的一项权利，也是可转债的一大"作弊"利器。当转债价格跌破100元面值，公司又遇上回售或者减资清偿事件时，投资者可以通过向公司施加适当的压力，最终让公司下修转股价后获利退出。

第十三章 常见转债投资策略

充满曲折的孚日转债下修,到底是如何完成的[①]

孚日转债下修了,网络上一片欢腾,叠加转债市场的集体回暖,转债的价格也从开始沟通时的84元/张回升到面值100元以上。在这段历时两个月的沟通中,孚日转债涨幅约20%,转债总市值提升了1亿多元,是历次主动性沟通下修的转债中给投资者带来收益最多的一只转债。即便抛去市场回暖的因素,本次下修对孚日转债市场估值的提升也是明显的。

我想很多人并不知道孚日转债下修的沟通过程与众不同,国资控股的转债,其下修并不像民企那样,只要召开董事会、大股东同意,就可以完成。它需要经过公司的管理层、控股股东、国资委、辖区政府等多重环节,才能让下修顺利进行。

而其中的每一个环节仿佛都有不肯让步的充分理由:公司现金流充裕,公司管理层并没有动力促成尽快转股;控股股东隶属国资委,入股价格为7.5元/股,将转股价格下修到当前的4元多,是否有国有资产流失的嫌疑;在这样的背景下,辖区政府是否愿意承担这种责任。

说服他们向债券持有人退让,是一件需要勇气和智慧的大工程。最终,我们400多名散户投资者团结一致,在每个环节都实现了反

[①] 这部分内容由集思录网友小卡撰写,已获其授权转载。小卡在可转债市场具有丰富的投资经验,被集思录网友称为"卡神"。

转，通过友好和谐的沟通，顺利地让公司董事会发出了提议下修公告，并按照募集书召开了债券持有人大会。

而事情到这里还没有结束，在债券持有人大会召开的前半小时，债券持有人反对票还以压倒性的多数领先赞成票，险些酿成股债双输的悲剧。就在那时，作为公司本次债券持有人大会的特邀代表，也就是我，勇敢地站了出来，游说接近1亿元份额的持反对票的机构。最终这些持反对票的机构没有进入会场投票。这一次的逆转，不仅确保了第二天的股东会下修议案没有再生变数，更重要的是，公司和投资者之间的关系变得更加融洽和亲密，这些因素或许在未来的市值管理中可以发挥更深远的作用。

我之所以决定把孚日转债的沟通过程详细记录下来，有两个原因：首先，本次沟通，碰到了主动性博弈下修事情中所有可能出现的困难，每一环都是大逆转翻盘的好戏，都会成为未来相关事件的参考案例；其次，也是最重要的一点，在这个过程中，我做了这么大的一件好事，难道不应该和大家分享一下？

第一环：我们为什么要和孚日股份进行沟通

被网友召唤参加与孚日股份的沟通是在2021年2月，此时的转债市场正处于有史以来最黑暗的时刻，60元的亚药转债，一堆趴在70元、80元的可转债，难以想象这些面值100元、带着看涨期权价值的可转债，会出现如此不可理喻的价格。但是"没有最低只有更低"，就是当时的市场状态。

扭转这种颓势最有效的方式，就是这些趴在地板上的转债，从底部发起绝地反击。而事实也是如此，最终就是鸿达转债、本钢转债、维格转债、海兰转债这些曾经不被市场看好的转债带动的赚钱效应，推动了整个市场的回暖。但是被动地等待市场的眷顾，一向不是我的投资风格。我认为选择一只安全的标的去推动下修，对整个转债市场都是有意义的。

基于以往几次不错的下修沟通经历，在这样的时刻，很多网友希望我出手拯救他们下跌得惨不忍睹的转债。如何选择合适的品种，对我来说也是一种考验。虽然我每次沟通前，都会向投资者再三提示风险，但是我知道依然有不少投资者会以我的行为作为投资依据，而低位转债大多存在各种问题，若不慎重，可能会给投资者造成亏损。

我认为孚日股份有以下几点值得关注：

第一，孚日股份的机会来自回购注销股权。《公司法》第一百七十七条规定，债权人依法享受一次债权清偿的权利；对比当时孚日股份84元的债券价格和100元的清偿价格，利润空间相当巨大。

第二，孚日股份国资控股企业。在2021年2月的市场，只有2只国资转债跌至了低位，即本钢转债和孚日转债。相比受限于净资产而不能下修的本钢转债，最低跌至80元的孚日转债，其净资产略低于股价，可以下修到平价。

第三，在最近的一年里，从信息披露问题、会计差错、管理层被交易所纪律处分到大股东违规占款，这一系列问题让孚日股份的价格直接腰斩，从最高的9.36元一路下跌到最低3.88元（这个价格几乎是

2014年以来的最低点）。我们必须承认孚日股份在管理方面出现了很多问题，但是这样的股价表现，是否也释放了相应的风险呢？

第四，孚日股份最后一次诱发崩盘下跌的事件，是大股东占款上市公司10亿元资金。粗略地看，问题十分严重和恶劣；但是深究这一事件，是大股东变更为国资时遗留的理财形成了被动占款，这个和其他上市公司恶意掏空上市公司资产的行为有本质的不同。而孚日股份的大股东，说到做到，在约定的时间归还了所有的资金。

第五，孚日股份的股价崩盘，掩盖了其质地不差的事实——全球最大的毛巾生产企业、国内最大的家纺企业、外销的龙头、曾经的大白马。在2020年新冠疫情的形势下，孚日股份的业绩也是说得过去的。虽然财务数据能粉饰，但是历年来不低的股息率以及2020年真金白银的2亿元回购款，却是能直接说明公司实力的。

有以上对风险和机会的认知，我认为把孚日股份作为本次沟通的标的，是相对安全的。

第二环：如何与不愿意和你多说话的公司员工沟通

在我与孚日股份沟通的时候，已经有一些债权人和孚日股份进行了先期的沟通。孚日股份在互动易平台上答复投资者可以进行申报，但是市场对于这样的答复毫无反应。因为市场认定了申报和清偿之间存在着遥远的距离，债权人理解的投资机会，实际上是一个坑。

我致电公司的时候，是对方董秘接的电话。当他听到我是债券投资者的时候，他明显很疲惫。董秘直接说："你们申报吧。"我问：

第十三章 常见转债投资策略

"申报就能拿到钱吗?"董秘说:"关于这件事情,公司也不清楚,我们知道最近的案例是洪涛转债,但是他们好像开了债券持有人大会后,就不了了之了。"我说:"依据《公司法》第一百七十七条的规定……"我还没说完,董秘已经打断了我,说道:"法律的问题,我们是知道的,你们还是先申报吧,未来如何处理,我们再研究吧。"

这一瞬间,我有点想笑,董秘有点无奈的态度,其实印证了之前网友的说法,在这段时间里,公司的证券部被债券投资者车轮战,反复普法,免不了还要为还钱不还钱的问题争执一番。我相信,孚日股份的员工在接到转债投资者的电话时,已经头大了。董秘能和气地接待我,素质已经很高了。

于是我说:"我想公司最近可能会接到很多来自投资者的电话,我们有一个投资者交流群,我这次和公司沟通是被广大债券投资人召唤来的,不如我们深度沟通一次,把彼此的想法都说出来,这样我回去可以把共性的问题转达给群里数百位投资者,这样就可以减少未来投资者的致电数量,避免反复骚扰公司,影响公司的正常工作!"电话那头的董秘明显有了精神。

我接着说:"我很认同公司让债权人申报的做法,因为这是尊重法律的表现,但是我认为既然同意申报了,就要规划未来偿债的计划,如果只申报不清偿,同样会影响公司的声誉。"

董秘说:"公司咨询了多个机构、律师以及交易所,但是清偿这项工作确实找不到参照的案例。我们计划未来通过债券持有人大会决定是否要清偿以及清偿的方式。"

可转债炼金术

我说:"关于减资导致清偿的问题,我跟踪过不少案例。我分享一下我了解到的情况,给公司作参考吧。首先,虽然有法律条款支持清偿,但是A股至今也没有发生一起清偿的案例,交易所也没有为减资开出清偿通道。最接近的一次是一家债券价格高于100元的公司,接受投资者的申报,并向交易所提出了清偿申请,但是因为种种问题被驳了回来。我后来和中国结算的相关工作人员进行沟通,得出的结论大体是清偿没有先例,若想要清偿,需要投资者、公司、交易所、中国结算各方面的配合。所以清偿的难度,不仅在于公司的清偿意愿,还在于它是一个很难落地的方式。所以,我之前接触的案例,一般都是公司在充分考虑债券投资者权益的前提下,选择下修转股价格到底这种双赢的方式与投资者达成和解。"

董秘说:"我们公司以前也了解过下修的事情,但是没有作为一个特别重要的方案去讨论,不过经过我们的沟通,我想公司可以把下修方案作为一项议题认真地研究一下。但是这并不是我个人说了算的,同时我们目前是国资控股公司,即便管理层认为可行,也要向大股东和政府进行申请。"

我说:"我有一些关于下修的想法,希望转达给公司的董事会。

"第一,近期转债市场投资者情绪罕见的低迷,使得可转债可以在这个时期完成低位促转股,鸿达转债甚至在转债价格80多元的位置,便促成了近10亿元的转股量。这种促转股最好的时间点,我希望公司不要错过。

"第二,高溢价转债的存在,会影响正股的表现。因为市场的主力若在当前价格建仓,是需要一定的向上空间才能获利的,但是如果主力发现,拉升到一定高度,就遇到了可转债的转股阻力位,或许主力不愿意去做这样的正股。

"第三,债券价格过低,使得债券的年化到期收益率提高到一个不合理的位置,进而影响公司未来的融资成本。因为银行会认为,连可转债的到期收益都那么高了,我们的利息当然应该更高。

"第四,公司前期遇到过很多问题,当前是一个重塑市场形象的关键时点,谨慎地处理资本市场问题、让投资者安心是非常重要的。

"第五,由于转债利息的支付采用由低到高的模式,且到期赎回还有额外的利息补偿金,这使得债券的合理估值会随着时间的推移向上,越早促转股,成功率越高。"

听了我的一番说辞,我明显感觉董秘有些动心。我的心里也燃起了一点希望,84元的转债若真能下修,感觉即使前两个月挨了打,也能满血复活了。我在群里大体介绍了一下情况,群里的大部分投资者和我的情况不一样,他们大多数是高位建仓被套牢,但是对于公司的态度大家还算满意。

对于清偿的申报,我依然是支持的,毕竟没有足够的份额清偿,相关的各个部门都不会感受到压力。在45天的清偿期里,群里的400多人中有130份共计6000万元份额的清偿申报。而这份比例不低的清偿申报,最终也确实影响了整个下修的进程。

我差不多等了一星期才开始与公司的第二次沟通,董秘感到很郁闷,他说:"周末的时候,公司的董事长亲自去找大股东,但是大股东的意愿不强,因为下修是一件对他们毫无好处的事情。但是这件事也不是大股东说了算的,最终还是要市政府批准才行。不过我们还是会全力地推动这件事情,努力让投资者和公司双赢。"

当我把董秘的回复传递到群里,大家立即炸了锅,大部分人质疑这只是公司的缓兵之计,目的就是拖过债权清偿期;很多人都觉得需要集中向监管部门投诉,向公司施压。这样的结果,让我也有些为难。一年多前,我们曾经和某上市公司进行过一次类似的维权,双方的关系极度紧张,公司在重压下下修,但是下修的价格严重不到位,最终股债双杀,公司和债权人双输。我后来时常会想,在这次事件中,公司钻空子、占用投资者资金确实是事实,但是对于那样的结局,我们中小投资者是不是也应该反思呢?如果有更多的沟通和交流,没有步步紧逼,没有大规模的投诉,没有毫不留情的翻脸,结果会不会不一样?

在我的沟通中,我能体会到孚日股份工作人员的诚恳,也认同投诉是每个投资者的权利;但是我若不能站出来阻止,任由双方将刚开始缓解的关系转为对立,持续恶化,那么这次和孚日股份的沟通或许又会成为一年前那次事件的翻版。而孚日股份下修面临的困难,依靠公司管理层或投资者单方面突破和推动是不够的,唯有双方团结,一起努力,才能实现这个双赢的结果。

第三环:如何避免自己的沟通信息衰减和维护与公司的良好关系

接到与大股东沟通不顺畅的反馈后,我给公司发了一封邮件,邮件的内容与董秘之前沟通的信息基本一致。事实上，对重点关注的上市公司，我的沟通都是以邮件形式进行的。因为我们在和上市公司沟通的过程中，一般面对的是具体的工作人员或证券事务代表，可以直接和公司董秘这样的管理层对话的机会相对少一点。所以，我们在电话中和对方工作人员沟通时，不管说得多么天花乱坠，不管让对话人多么热血沸腾，但是他把内容转达到公司管理层以后，一般都会出现高比例的信息衰减。所以在这个阶段就需要将自己的想法整理成文字，这样有利于对方的工作人员做汇报。

在与孚日股份沟通的过程中，我们虽然直接和董秘对话，且董秘也属于公司的管理层，参与决策工作，但是这封邮件依然是必要的。它会替我们把更精确的信息传递给董事会所有成员，而且孚日股份面临的困难不仅在公司自身，这样的邮件可以告诉辖区政府和国资委这件正在发生的事情。

然而，很多孚日股份的投资者因为迟迟得不到回应，决定去证监会和交易所等监管部门进行投诉。这种投诉我认为是存在问题的，原因如下：

首先，向这两个部门投诉解决不了问题。我们理解的投诉流程是这样的：第一步，投资者向证监会发出投诉；第二步，有关部门向公司施压，要求公司解决投资者的问题；第三步，公司被吓得瑟瑟发抖，乖乖妥协，答应投资者的所有诉求。

然而现实中，向监管部门投诉的流程通常是：第一步，投资者发出书面材料向证监会投诉；第二步，证监会将材料转发给公司，要求公司自查；第三步，证监会将公司自查的结果反馈给投资者。所以，不管你提出任何的投诉信息，最后反馈给你的往往是一份公司避重就轻、绝对不解决问题的自查报告。

很多人可能觉得监管部门处理事情过于敷衍，但是如果我们换位思考，就会理解监管部门的处理方式。因为在股市，每天都有各种各样的投诉涌向监管部门。大部分投资者的投诉实际上是缺少证据的猜测，甚至是因亏钱而泄愤。在这样的背景下，让监管部门深度参与解决每个问题显然是不明智的。而我们的投诉则是一起相对有争议的法律纠纷，所以得不到重视是正常的。

其次，从博弈的角度来看，我们在任何事情的谈判和沟通中，最不该打出的是最后的王牌。在斗智斗勇的比拼中，如果我们一开始就把自己的狠招、猛招、必杀招对对手一通乱用，而对手扛住了，那么我们反而会陷入被动，因为对手知道你没有更厉害的招数可以用了。

真正有威慑力的方式，是让你的对手知道你手中拿着独门暗器，但是双方比拼的时候，你一直不使用，这样对手会更加忌惮、更加克制地应对你，因为他要随时保持精力去对付你手中的独门暗器。

最后，我们和孚日股份的沟通一直非常友好，公司也在全力地找寻解决方案，这和那些耍赖的公司有本质的区别，所以增加投资者和上市公司之间的对立情绪毫无必要。

有了以上的认知，我们选择了另一种方式去缓解投资者不安和焦虑的情绪。群里的网友们，通过高密市政府网站的市长信箱和网络信访表达了要求保障转债投资者权益的诉求。虽然这样的途径和向监管

部门投诉一样,都无法直接解决问题,但是我们这样做有以下原因:

第一,孚日股份未来进展的每一步都需要与辖区政府沟通,且辖区政府才是真正解决问题的部门。我们的目的是转达问题,所以客气礼貌地向这两个部门反馈就足够了。

第二,不向层级更高的部门和其他部门投诉,将沟通的流程锁定在本地区,充分地照顾公司管理层的面子。

第三,通过信访和市长热线反馈问题,相关部门必须在一定期限内答复。虽然我们和公司进行沟通,但实际上对于有些信息,公司不方便透露。通过这个渠道,我们反而可以了解进展。

我们的邮件发出后几天,相关部门便回复了我们,明确了两件事情。一是公司已经向政府上报了有关清偿债权的解决方案,会妥善解决投资者的诉求,初步定于2021年4月10日前反馈相关的信息。二是公司将召开可转债债券持有人大会,大会的议题效仿以前的案例,决议不提前清偿债权的方案,是否清偿由债券持有人大会决定。

针对这样的反馈,大部分网友是不认同的,认为公司可能又在耍诈。但我认真地和群里的朋友进行分析,认为这个进展是一个实质性的利好。

第一,公司向国资委上报了方案,看似是一个未知的请示,但是一般写请示报告走批准流程的时候,大部分都会事先进行口头沟通,在得到了一些有意向的答复后,才会走正规的流程,所以我们可以理解为,公司对清偿的问题已经得到了一些明确的指示。

第二,公司召开债券持有人大会,在可转债史上只发生了两次:

一次是关于蓝标转债。因为蓝标是在减资回购清偿的同时变更募集资金回售，所以在债券持有人大会中不要求提前清偿的议案获得了通过。我理解这是债券持有人对公司的人情，因为不管通过不通过，债权人都可以进行变更募集资金的清偿回售，所以议案被否的意义不大。另一次是关于洪涛转债。由于是单独清偿，洪涛转债最终赞成不清偿的投票以微弱的优势领先了否决票。但是洪涛转债最终以人数不够否决了这次会议，最终并没有形成有效的决议。值得留意的是，在这两个会议召开的周期中，两个公司都推出了下修预案，将公司的转债价格提升到清偿价格以上（100元加当期利息）。

孚日股份若要召开债券持有人大会，同样也有下修的压力。因为即便市场价格开始回暖，孚日转债当时的价格也只能从最底部的80元回升到90元。试问这样的价格，哪个债券投资者会在会场投出赞成票呢？而下修转股价格，其实就是我们投资者最期望的方案。

为了债券持有人大会的事情，我特意和公司沟通了一次。我认为债券持有人大会很危险，因为蓝标转债和洪涛转债在召开债券持有人大会的时候，市场环境比2021年的局面要好一些。蓝标转债和洪涛转债在宣布下修以后，转债价格均维持在100元以上。但即便这样，洪涛转债的债券持有人大会依然不了了之。而2021年的市场环境显然比以往更糟糕，即便孚日转债宣布下修，转债价格也未必能达到100元，那么就有可能出现债券持有人要求清偿的事件。

对此我的建议是，公司可以直接宣布下修转股价，回避召开债券持有人大会，因为下修转股价就足以保护债券持有人的权利了。至于召开债券持有人大会,我们这些投资者在和公司沟通的时候,也没有人提出过这样的要求,既然有风险,索性就不开了。

《公司法》第一百七十七条实际上是要求所有的减资回购都需要进行债权清偿,但是每年都有十家以上的公司会因为各种原因触发减资。可是真正愿意和投资者协商解决问题的公司并不多,其中股权激励引发的注销减资案例最多,它们往往通过在募集书上额外约定一条,就堂而皇之地违法。只有少数公司,比如永鼎和维格这样的公司,愿意用下修转股价的方式安抚投资者;绝大部分公司都是想出千奇百怪的招数耍赖和拖延。

公司的答复是比较暖心的:

第一,依据法律规定,公司回购减资后,债权人依法享有清偿权。我们的募集说明书明确了可转债投资者属于债权人,就应该享有申报和清偿的权利。

第二,公司前段时间在管理上出现了一些问题,比如大股东占款事件。虽然是因变更大股东而被动发生了占款事件,但是也属于我们的工作失误,没有及时发现问题,给投资者造成了不小的影响。所以未来一切涉及投资者的问题,我们都会谨慎对待。既然募集说明书约定了条款召开债券持有人大会,我们就不会因为没有人要求我们开会而回避开会,因为我们需要比其他上市公司做得更加规范。

第三,我们的债券价格只有90多元,还没有达到100元的清偿价格,这时候开会确实有很大的失败可能性。但是清偿债权是法律赋予投资者的权利,选择权在投资者,不在我们,如果投资者要求我们还钱,我们也做好了提前清偿可转债的准备。

看完公司的回复,我其实还是有点感动的,作为可转债维权界"钉子户",所有被投资者推动下修的转债,或多或少都有我的身影。很多人都觉得我的成功率很高,其实我们和大多数企业的沟通都不顺利,它们会把可转债解释成一种特殊的债券,不属于《公司法》第一百七十七条规定的范围。

由于精力有限,我们一般都是对各家公司进行筛选。那些没有意愿和态度极差的公司,我们都会回避;而花费时间进行重点沟通的便是那些善待投资者的公司,显然,孚日股份是一个值得投入时间和精力的公司。

第四环:如果你永远想着怎么解决自己的问题,那么你可能很难解决自己的问题

时间来到了2021年4月初,距离信访部门给我们答复解决问题的最后时限4月10日越来越近,可是孚日股份的态度变得迟疑起来。关于债券持有人大会的事情,公司的答复是在努力和推动,但是能否在10日前完成,他们也无法确定。至于太过细节的问题,公司显然不方便也不愿意透露给我们,但是董秘的一句话引起了我的关注,他说,目前方案的审批环节已流转到控股股东。

其实在整个环节,我一直觉得最难的关卡是国资委的审批。投资者建议的清偿和下修两个方案,孚日股份都上报了。如果换位思考,国资控股的大股东有充分不愿意下修的理由:国资委原本就以高于市场价格即7.5元/股的价格入股，而孚日股份经过一轮下跌，市场价格已跌到4.2元/股附近，贸然批准下修，或许未来会被人质疑国有资产流失。

一直有人好奇，同样是和上市公司沟通，为什么大部分投资者提出的诉求最终都会不了了之，而我的诉求却有一定的成功率？其中最主要的原因，就是我不仅想着解决自己的问题，还会把更多的精力花费在我沟通的对象上，思考如果他愿意帮助我解决问题，那么他可能面临的困难是什么。

于是我再次给大股东发了一封邮件，提出自己的观点：

第一，可转债发行史上从未有过清偿的案例，清偿虽然合理合法，但并不是最佳方案，下修转股价格、与投资者和解才是最佳方案。

第二，可转债利息极低，清偿面值等于低息使用投资者资金。做这样的决策，会对当地的融资环境造成负面影响。

第三，公司的每股净资产低于市场价格，即便以当前的股价转股，也会增厚每股净资产，不会造成国有资产流失。

第四，各地的企业都在频繁下修，力争债转股，将现金留在当地保发展。如果公司决定清偿，6.5亿元的资金流出后将不再回归，会影响当地的GDP和就业。

第五，孚日转债价格低迷，已经严重影响了当地政府的形象。我们债券投资者前期损失惨重，现在下修转股价，给我们一点甜头也不为过，毕竟我们始终不离不弃地支持企业发展。

4月8日晚上,孚日股份发布了两个公告,一个是召开债券持有人大会的公告,另一个是提议下修的公告。孚日转债的价格应声飞起,最高冲到99元,虽然不及其他下修转债的表现亮眼,但是对于低位潜伏的我们来说,收益是相当不错的。

4月9日,孚日股份的董秘致电邀请我参加债券持有人大会。我欣然接受了,虽然宣布下修,但是下修价格未定,如果我能够在现场再度游说,将下修价格锁定在较低的位置,则可以长久地提升孚日转债的估值。

当我和群里的网友聊起这件事的时候,大家都挺兴奋,甚至很多网友要把投票权委托给我,让我在债券持有人大会上可以多点投票权。我说,算了,虽然群里持有的份额挺多,但是一共400多个群友,需要各种证明资料才可以进行投票。想来公司这样有诚意,债券持有人大会应该会比较顺利。

当时的我确实没有想到这个偷懒的举动,险些导致两个多月的努力付诸东流。我是在债券持有人大会召开前一天到达高密市的,和群友们约好会实时向大家同步大会的进展。但是我忽然从网络上消失了一整天。第二天当我再次打开群聊的时候,我看到了海量的留言。对于我的消失,群友们分析的原因出奇的一致:我已经被上市公司收买了,现在正处于乐不思蜀的状态。

而我确实被冤枉了,因为债券持有人大会出现了很大的变故,有几个机构带来了过亿元份额的反对票。更可怕的是,出席人都是机构的委托人,他们没有自主的决策权,只带来了一份走完了流程的反对票，若不能按时投出就是工作失职。

很多人以为，债券持有人大会的否决票会切断公司的后路，导致公司不得不将转股价格下修到更低的位置，进而保障债权人的权益。可事实上，如果深入了解债券清偿的规则和现状，大家就会发现，这一次债券持有人大会的决议若被否决，孚日转债将会被再次推到不确定的境地，或许类似上一次洪涛转债持有人大会后股债双杀的历史会再次重演。

第五环：极限施压，绝对不是最好的方式

我是在大会的前一天才知道有几个机构投资者派了委托人投出反对票。在与董事长和董秘沟通的过程中，我感觉到他们有些压力，毕竟费心费力地组织了会议，最后被否决了，是一件很丢人的事情；而且前来的机构持有份额相当巨大，若投出反对票，将一票决定不提前清偿决议失败。

关于如何投票，我们中小投资者之间曾经探讨过。有相当一部分投资者认为，必须投出反对票，否决孚日股份的不提前清偿决议；只有这样才能把公司逼入绝境，当公司面对100元的价格不得不清偿的时候，公司才有可能把转股价格下修到最低的位置，且有动力推动股价上涨；对投资者最好的方式，是下修加上提前清偿，这样才是双保险。

初听这样的建议，我认为是有点道理的。但是如果进行更加全面的分析，我们就会发现很多问题。

第一，很多人都以为否决了提前清偿的决议，就可以拿到100元现金了。实际上，提前清偿只是一个理论上存在的方式，从来没有公司实施过。我曾经和集思录网友饕餮海（大家亲切地称呼他为"海大"）一起推动过某家公司清偿，这需要上市公司、交易所和投资者一起配合，才可以拿出方案，打开清偿通道。但我们最终没有继续下去，不仅是因为打开通道的难度极大，更重要的是，打开通道对投资者未必有好处。一旦清偿变成明牌，上市公司就会千方百计地躲避清偿，我们中小投资者便会失去这些个案的谈判权。所以即便不清偿的决议被否决，投资者真正拿到现金的时间点也是不确定的。如果清偿安排在第二年进行，对投资者来说，还不如现价卖出实惠。

第二，孚日股份拟下修方案的推出远比民企麻烦，其中孚日股份的管理层所花费的时间和精力是非常大的。整个过程中，关于孚日股份的态度，投资者是看在眼里的。我们和孚日股份在最初接触的时候，是一种单纯的博弈关系；但是想要更好、更长远地完成一件事情，单纯依靠博弈是不够的。真正能让双方持续推进的动力，是双方之间的信任感。如果做了那么多事情的孚日股份管理层依然不能取得投资者的信任，未来我们又怎么能指望他们心甘情愿地为投资者努力呢？

第三，否决不提前清偿，最大的受害者是孚日股份的管理层。如果一次次奔走于政府部门，换来的依然是不仅下修还要清偿的结果，辖区政府会质疑公司管理层的办事能力。一是从私人情感上来说，我作为最直接的对接人员，会觉得对不起与我密切沟通的孚日股份工作人员。二是如果我们把一个负面的案例推向市场，未来有一天，其他上市公司在面临同样的局面时会发现，在无情的资本面前，无论自己多么努力、多么用心，都不会取得投资者的谅解；那么就不会再有公司愿意参照孚日股份这样的案例推进后续的工作，他们会觉得那么多耍赖的案例最终都不了了之，何必用诚意去对待投资者呢？

接下来我们需要思考，如果我们和机构投资者进行沟通，他们的顾虑是什么？

在和机构的Z总聊天的时候，我表达了自己的观点。但是他说："我个人认同你的观点，其实我现在也很希望，其他投资者可以在债券持有人大会上，通过投票的方式压倒我们的票数，通过议案。因为我这一次来，只带来了否决票，公司内部已经进行了协商，负责的领导都签字盖章了。如果我不投出反对票，就是我的失职。我们甚至宁愿公司违规不召开债券持有人大会，可是公司一旦开会了，我们出席了，就没有道理投出赞成票。"

这是一个非常棘手的问题。对于Z总的说法，我如果换位思考，或许认为投反对票也是顺理成章的方式。孚日股份存在好几个问题，让投资者心存疑虑。

第一，下修转股价的会议安排在债券持有人大会之后，那么就存在不提前清偿决议通过后，公司否决下修转股价决议的可能性；或者即便通过，下修价格也会严重不符合预期。之前洪涛转债曾使用这种方式，在债券持有人大会后，将转股价格修正到8元/股，当时洪涛转债的正股价格仅为3.1元/股。该议案公布后，整个可转债市场都受到了影响，低价转债集体暴跌。虽然洪涛股份知错能改，在后面两次下修中，积极主动且两次都是一修到底，但是在当时那个时间点，投资洪涛转债的投资者损失惨重。有如此接近的案例在前面，不管我们和孚日股份的沟通多么和谐，我们都不能要求这些和孚日股份沟通不多的机构投资者充分信任孚日股份。

第二，管理层不能决定最终的下修价格。即便他们和大股东沟通，也无法直接作出承诺，因为这是违规的行为。虽然他们对投资者的答复是本次公告下修是有诚意的下修行为，不会戏耍投资者，但是这种单纯依靠信任感去和陌生人沟通的结果，成功率自然不高。身为个人投资者，若发生意外，我们亏的是自己的钱，可以充分地对自己负责；而机构投资者则需要向他们的基金持有人进行解释，在转债价格只有98元的背景下，为什么没有投反对票。

在债券持有人大会即将开始的时刻，董秘致电我们，问什么时候才能到会场。我说可能还需要多等我们一会儿，我还想再做一些努力。

Z总现场连线了机构的X总，我向X总说出了自己的想法。我说："我和与公司站在同一立场的投资者的持仓很多。虽然占公司总资产的比重没有那么多，但都是自己的财产。所以我们可能比公司更重视这次投资，也更希望选择最好的方式，确保这次投资能够取得最大的收益。我也认同给予公司适度的压力有助于投资者拿到更好的方案。如果没有你们的参与，我们的话语权可能没有那么强。但是我和许多中小投资者持续跟踪孚日转债两个月，我们对这次债券持有人大会的

第十三章　常见转债投资策略

整个背景可能更加熟悉,我觉得这次让不提前清偿决议通过,可能是最好的选择。"

X总问:"他们能承诺下修到底吗?如果到底,我们可以支持不提前清偿。"

我回答:"我的判断是不能到底的,之前我和公司沟通,试探过很多次,他们的口风很紧,从来没有说过能够到底,但是他们一直强调是有诚意的下修,所以我认为是处于偏低且接近市场价格的位置。"

我又说:"从我的立场上来说,我也巴不得公司能够下修到底。但是如果他们已经尽力了,或许我们可以退让一点。因为一旦不清偿决议被否,或许大股东更没有下修动力了。毕竟从清偿的范围来说,一共只有6000万元的份额申报了债权,且部分投资已经进行了交易,现存的属于清偿的份额只有3000万元了,都属于中小投资者。公司若要清偿,本身压力不大,万一最后导致公司只清偿不下修或随意下修,是全体投资者的损失。"

我知道X总一定会顾虑孚日股份的诚信问题,于是接着说:"虽然孚日股份的下修很曲折,但是能够开会一定是公司同大股东和市政府讨论出了方案。所以我认为,即便提前清偿的决议通过,他们依然会按照既定方案推动下修。国企下修的推进很难,但是一旦推动起来反而是很容易成功的。更何况我们和孚日股份的工作人员接触很多,他们给我们的感觉就是标准的山东人性格,很实诚。"

我的对话最终也得到了X总的认可,他们公司能做到的最大程度，就是不参与这次投票。因为只要他们参加会议，即便投出弃权票，也会导致赞成票不足50%，使得会议无法形成决议。

随着最后一名机构投资者在会场上远程连线公司，宣布中途退出债券持有人大会，所剩下的票数已经全部成为赞成票。大家看到的是孚日转债的债券持有人大会只有3.14%的票数参与决议，最终形成了100%的赞成结果；但事实上，到场的债券额度远远大于这个数字，只是结果被逆转了而已。

在债券持有人大会上，我代表了债券持有人向公司提了要求。我说："今天我们能形成这个100%赞成的决议是债券持有人共同争取的结果，这很不容易。我所说的话不完全代表自己，也代表着群里一直和孚日股份沟通的400多个中小投资者。我们合计有过亿元份额的转债，对于如何投票，我们也有争议，但是最终我们都愿意信任公司。由于投票并不方便，所有的中小投资者都以放弃反对票的形式支持孚日股份。当然作出最大牺牲的、承担最大压力的就是今天现场放弃反对票的机构债券持有人。如果在明天的股东大会上，下修远不及预期，那么他们需要面临失职的责难。虽然明天就是股东大会，我也信任公司会善意地对待债券投资者，但是我希望公司在债券持有人大会最终决议的公告上，可以体现一些内容和承诺，让这些退场的委托人更安心，也能对公司有个交代。"

然后我截取了一些公告分享给公司，说道："虽然大部分下修公告都在股东大会后产生，但曾经有一些公司在拟下修公告中就提出了非常明确的信息，这样更容易让投资者作出准确的判断。比如铁汉转债在拟下修公告中,将不低于20日均价和前一天均价的表述改成了将下修到20日均价和前一天均价中高者,这等于明确了下修到底的信息;辉丰转债也明确了下修价格最低为4.38元;海印转债则在公告中明确大股东将投出赞成票。我认为这些承诺将有助于公司树立坦诚对待投资者的形象。"

董事长说:"我们感谢债券持有人的支持。因为现在距离今天收盘时间还有几分钟,所以我们也无法作出明确的答复。我们后续会和大股东协商,是否可以在公告中明确投资者的要求。"

当天晚上,孚日转债的债券持有人大会决议公告果然出现了两条史无前例的内容:大股东承诺将在第二天的股东大会上投出赞成票,且建议下修价格不高于4.5元。这样的价格虽然与下修到底的价格略有差距,但是依然足够保障孚日转债的价格稳定在100元以上。

最终环:用智慧完成艰难的任务

关于孚日转债的下修,市场从一开始便充满了不自信,国资下修失败几乎是可转债的重灾区。市场上的多只转债,在经历了长时间的等待和煎熬后,最终以面值价格清偿收场,投资者也只获得了少得可怜的利息。

这也造成了孚日股份答复可以申报债权时,市场只给予了84元的价格。在与孚日股份深度沟通、消息渐渐明朗时,市场依然只有90~93元的估值。而孚日股份宣布下修后,市场依然只给予了96~98元的估值。这一连串不好看的数字背后,并不完全是市场的错，而是市场依照经验去判断的结果。散户维权这条路很艰难，是不可能完成的任务。可是也正是这样的市场认知出现后，我们一环又一环地去反转，才取得了超额的收益。

之所以我完整地记录了这次沟通的全过程，最希望的就是纠正部分中小投资者的认知：我的每场胜利，并不是因为我打倒了每一个和我接触的对手。实际上，作为一个小散户，我在和公司管理层、大股东、辖区政府以及机构投资者的博弈中，都不具备取得胜利的可能性。所以我采取的方法是从看似对立的对手身上挖掘出和我能够产生共鸣的点，把他们融合成一个大的团队，最终合力扭转局面。

孚日转债下修是一个投资者深度参与沟通的案例。但是对于整个市场而言，它可能只是一个开始。

回售套利策略

当转债进入回售期，若此时转债的二级市场价格低于回售价，投资者就可以进行套利。

2023年12月14日，*ST红相（300427.SZ）发布关于红相转债回售的第一次提示性公告。因为*ST红相改变转债募集资金用途，触发红相转债的附加回售条款，所以红相转债投资者有权以可转债面值加当期利息将红相转债回售给公司。

根据红相转债的回售公告，本次回售的要素如下。①债券代码：123044。②债券简称：红相转债。③回售价格：101.386元/张（含息、税）。④回售条件满足日期：2023年12月11日。⑤回售申报期：2023年12月18日至2023年12月22日。⑥发行人资金到账日：2023年12月27日。⑦回售款划拨日：2023年12月28日。⑧投资者回售款到账日：2023年12月29日。

对于红相转债投资者而言，个人投资者如果参与回售需要扣税，扣税后的回售价是101.109元；机构投资者如果参与回售，券商端不扣税，回售价是101.386元。

在红相转债回售期，红相转债的二级市场交易价曾经跌破回售价101.386元，2023年12月21日和12月22日，红相转债的最低价分别为101.152元和101.178元。机构投资者若在此时按照最低价买入后申报回售，则从申报回售到资金到账仅7天左右，实际年化收益率在10%左右。当然，对于机构投资者而言，买入低于回售价的红相转债，也可以在盘中以高于回售价的价格卖出。实际上，2023年12月21日和12月22日红相转债的盘中最高价分别为101.85元和103.59元，均高于回售价101.386元，投资者选择在当日买入并卖出的收益率更高。

第十四章
垃圾转债能投资吗

可转债炼金术

何谓垃圾转债

　　投资过垃圾债券的人都知道，垃圾转债是指已经债务违约的公司发行的债券。以A股为例，2021—2023年，富力地产、龙光地产、世茂股份、碧桂园等地产公司发行的债券违约，这些违约地产债的二级市场价格大幅下跌至20元左右。截至2023年9月1日，A股尚无可转债违约，但是因为上市公司出现的种种问题，尤其是公司存在退市、破产重组等风险，可能导致公司发行的可转债大幅下跌。以搜特转债（128100）为例，因为正股搜于特（002503.SZ）连续20个交易日的每日收盘价均低于1元，触发了交易所的交易类强制退市情形，所以根据可转债交易规则，正股退市，可转债也将跟随正股退市。随着搜于特跌破1元面值，搜特转债从2023年3月底开始持续下跌，至2023年5月22日最后一个交易日，跌至18元，不仅创下了其历史最低价，也创下了A股可转债发行以来的最低价。

　　那么，可转债投资者能否投资垃圾转债呢？如果碰到像搜特转债这样一路下滑的垃圾转债，低风险投资者该怎么办？我认为，低风险投资者不仅可以投资垃圾转债，而且在特定情况下可以将高风险的垃圾转债变为低风险品种，核心就是事件驱动投资法。下文以正邦转债（128114）和全筑转债（113578）为例进行分析。

第十四章 垃圾转债能投资吗

正邦转债

正邦转债（128114）由正邦科技（002157.SZ）于2020年发行上市，初始发行规模为16亿元，公司主营业务是生猪养殖和饲料生产等。随着2020年以后猪肉价格的持续下滑，正邦科技利润暴跌，2021年和2022年公司累计亏损超320亿元，截至2022年底，公司每股净资产为-2.8163元。随着2022年公司年报的发布，因公司2022年度经审计净资产为负值，公司股票自2023年5月5日起被实行退市风险警示处理，正邦科技股价从2020年的26元下跌至2023年最低时的1.85元，跌幅约93%。

2023年4—5月，正邦科技发布2022年年报巨亏公告，公司被债权人向法院提起破产重整申请。在此期间，正邦转债被评级公司下调为CCC级（垃圾级），价格从90元左右大跌至最低62.3元。正邦转债之所以没有下跌至更低的价格，是因为正邦转债在2022年5月至2023年3月3次下调转股价；到了2023年4月，正邦转债转股价已从发行时的16.09元下调至3.62元，此时正邦转债的转股价值就在60元左右，转债相比正股已无溢价。

2023年5月20日，正邦科技公告称，将召开正邦转债持有人会议，核心议题有两个：一是保留正邦转债的转股期限至公司破产重整受理后第30个自然日下午3:00，自第30个自然日的次一交易日起，转债持有人不再享有转股的权利；二是保留正邦转债的交易期限至自公司重整受理之日起第15个自然日下午3:00，自第15个自然日的次一交易日起，不再交易，即自法院裁定受理正邦科技破产重整之日起，正邦转债将在15日后无法交易，同时在30日后无法转股，此后正邦转债将变为公司普通债权。

那么，在公司股价大跌、转债评级下调为垃圾级、转债可能丧失交易权和转股权的情况下，正邦转债作为一只垃圾转债，可以投资吗？当我们把正邦转债看作一只爆雷的垃圾债时，投资思维不是摊大饼配置，而是事件驱动策略。以正邦转债为例，2023年6月7日，正邦科技董事会第四次提议下修转股价，当日正邦转债的转股价值大概是71元。因为公司前三次下修转股价全部下修到底，所以假设正邦转债本次下修到底（因为公司已开始破产重整，无力还债，也有下修到底的动力），其转股价值在95～105元；而2023年6月7日正邦转债的交易价格区间是73～78元，此时的正邦转债是一个下有底（转股价值）、上无顶的转债，至少在2023年6月26日股东大会表决下修转股价议案前的这段时间，它符合下有底、上无顶的特质。我们于2023年6月7日以75元买入正邦转债，一直持有至2023年6月27日。当日正邦科技表决通过下修转股价议案，公司将正邦转债转股价下修至3.06元，虽未完全下修到底但接近到底。下修后正邦转债的转股价值约为93元，当日正邦转债开盘价为88.15元，集合竞价卖出，持有20日收益率约为17%。

本次交易正邦转债的事件驱动因素就是下调转股价。有人说正邦转债会因为破产重组提前到期，但是它提前到期是有前提的，即交易

第十四章 垃圾转债能投资吗

期限保留至自公司重整受理之日起第15个自然日,所以在此之前,正邦转债不存在提前到期的风险。

在正邦转债第四次下调转股价后,2023年7月21日,公司公告称南昌中院受理正邦科技重整,正邦转债最后一个交易日确定为2023年8月4日,正邦转债最后一个转股日确定为2023年8月18日。随着正邦转债相比正股不断出现折价,转债陆续被转股,截至最后交易日,正邦转债剩余规模仅为0.292亿元。2023年8月18日收市后,仍未转股的正邦转债持有人可进行债权申报,转债变更为普通债权。根据正邦科技重整计划,每家持有正邦转债的债权人在10万元以下部分(含10万元)以现金形式全额清偿,即正邦科技重整给出的小额刚兑额度是最高10万元。债权总额为2000万元以下的,超过10万元的部分,以正邦科技转增股票清偿,每100元普通债权可获得约8~9.09股转增股票,抵债价格为11~12.5元/股;债权总额为2000万元以上的,超过10万元的部分,以信托受益权份额及正邦科技转增股票抵债的方式清偿,每100元普通债权可获得1份信托受益权份额及相应转增股票,股票抵债价格为11~12.5元/股。对于大额债权,公司主要采用债转股方式,如果抵债价格为11~12.5元/股,基本相当于债权打了2.5~3折(以2023年8月18日正邦科技收盘价3.12元计)。考虑到正邦转债最终剩余规模不足3000万元,多数投资人都能靠小额刚兑上岸,对于转债投资人来说,应该算是一个相对圆满的结局。这也正是转债相比股票对散户的友好之处,如果最后交易日收盘价为2.61元,在正邦转债申购至退市这段时间内(2020年6月17日至2023年8月4日),正邦科技股票大跌了84%，而正邦转债持有人基本全身而退。

但是，正邦转债开创了一个先例，就是在公司破产重整时，转债持有人将丧失转债交易权和转股权，转债将变更为普通债权。《中华人民共和国企业破产法》第四十六条规定"未到期的债权，在破产申请受理时视为到期"，而此时转债变为无财产担保普通债权。根据司法实践，普通债权在重整程序中的即时清偿比例可能较小。不得不说，正邦转债的最终结局算是皆大欢喜。

全筑转债

在正邦转债之后，2023年另一只进入破产重整的转债是全筑转债（113578）。全筑转债由全筑股份（603030.SH）于2020年4月发行，总发行规模为3.84亿元，公司主营业务是房屋装修设计等。由于其来自恒大地产的收入超过50%，随着恒大地产于2020年开始陷入困境，全筑股份股价从2020年7月最高时的10.8元暴跌至2023年5月底最低时的1.72元，跌幅最高达84%。2021—2022年，全筑股份连续亏损，两年合计亏损25亿元，会计师事务所对全筑股份2022年财报出具了无法表示意见的审计报告。2022年公司每股净资产变为-0.44元，随后公司股票被实行退市风险警示处理。由于无法清偿债务，债权人向法院提起破产重整，同时，全筑转债评级下调为B-。

与正邦转债一样，伴随着公司股票被退市风险警示处理、公司被提起破产重整和转债评级下调，2023年4月至5月底，全筑转债价格

第十四章 垃圾转债能投资吗

从90元左右暴跌至最低64元。2023年6月8日,全筑股份董事会提议下修转股价。2023年6月26日股东大会表决通过转股价由5.25元下修至3.2元,下修后转股价值约为79元。2023年6月27日,全筑股份破产重整的临时管理人组织召开了全筑股份重整投资人评选会议,经评选确定大有科融控股有限公司、苏州泽海信息科技有限公司组成的联合体为中选投资人。其中大有科融控股有限公司经穿透后股东和实际控制人是中央党校和中信集团,也就是说,全筑股份若重整成功,可能变为央企控股公司,也有可能被央企注入资产。按照全筑股份2023年6月28日收盘价2.5元计,公司总市值仅14.5亿元,而此时不管是全筑股份还是全筑转债,均属于小盘规模。在如此大型利好的刺激下,2023年6月29日,全筑股份开盘即封死涨停,而当日全筑转债开盘价为88元,涨幅17%,开盘未封死涨停,当日全筑转债的转股价值为83元,此时的全筑转债就是一个下有底(转股价值)、上无顶的优质转债。我们在2023年6月29日开盘前集合竞价88元买入全筑转债;第二天全筑转债开盘报价101元,最高涨至108.5元;我们第二日在105元附近卖出全筑转债,涨幅约19%。

  我们在本次投资全筑转债的过程中,使用了典型的事件驱动策略。触发我们买入的事件是公司选中了实力雄厚的央企作为重整投资人,给公司未来带来巨大的想象空间。而此时全筑转债的价格相比转股价值仅溢价约6%,显然是一个下有底、上无顶的优质转债,只需承担隔夜风险即可。同时我们可以参考正股封涨停板时的封成比判断正股下一个交易日的涨停概率。封成比是指股票涨停当日收盘时,盘口封单量和成交量的比例。当封成比大于10时,次日以涨停开盘的概率极高,而2023年6月28日全筑股份在利好刺激下封成比高达50以上。所以从股票封涨停角度看,前一日买入转股溢价率仅6%的全筑转债的安全性也非常好。实际上全筑股份在此后3个交易日连续封住涨停板,考虑到全筑股份因为被退市风险警示处理,每日最多涨5%,所以在买入次日以收益率19%卖出全筑转债是合理的选择。

对于全筑股份而言,选定重整投资人不代表最终重整就一定成功,上市公司的重整是一个漫长的过程。

搜特转债

根据《中华人民共和国企业破产法》的规定,在债务人不能清偿到期债务,且明显缺乏清偿能力时,债权人有权依法向法院提出对债务人进行重整的申请。重整是以挽救企业、保留债务人法人主体资格和恢复持续盈利能力为目标,通过对其资产负债进行重新调整、对其经营管理进行重新安排,使企业摆脱财务困境、获得重生的司法程序。

上市公司破产重整的本质是通过引进战略投资者,在战略投资者的支持下,债权人让渡部分甚至大部分当前的利益,以避免未来更大的损失。公司被申请破产重整,最终结局包括重整成功、和解以及破产清算。

一个完整的重整程序需要经历如下几个步骤:第一步,申请重整；第二步，法院受理重整申请，裁定准许公司进行重整；第三步，制订重整计划，由债权人会议表决通过后，提交法院裁定批准计划；第四步，计划批准后，重整计划需按期执行完毕，提请法院裁定批准重整计划执行完毕；第五步，收到法院批准重整计划执行完毕的民事裁定书后，重整顺利完成。

数据显示，对于债权人而言，通过重整获得的清偿率显然要高于破产清算。以正邦科技为例，根据公司发布的重整计划草案，若公司破产清算，普通债权清偿率约为15.64%；而通过重整，公司10万元以下债权100%获得清偿，10万元以上大额债权的清偿率也在25%以上。重整成功的关键在于引入战略投资者入股，但是并非所有公司对战略投资者都具有吸引力，最终有些公司只能走向破产清算，搜于特（002503.SZ）便是一例。

2022年11月1日，搜于特公告称，公司债权人中山市瑞成展示用品有限公司以搜于特不能清偿到期债务且明显缺乏清偿能力，但具有重整价值为由，向东莞市中级人民法院申请对公司进行重整。虽然法院受理了本次重整申请，并指定了律师事务所作为搜于特重整管理人；但是随着公司股价大跌，截至2023年5月22日，公司股票收盘价格为0.42元/股，公司股票已连续20个交易日收盘价均低于1元，已触及交易所交易类退市规定，公司股票及可转债将被终止上市。2023年5月25日，搜于特收到法院不予受理重整申请裁定书。法院认为搜于特存在重大退市风险，且重整事项尚未获得中国证监会批复支持，对该公司重整价值和条件具有重大影响。

可转债炼金术

搜于特公司以运营"潮流前线"休闲服饰品牌起家，主营供应链管理、品牌服饰运营和品牌管理等业务。2020年3月，搜于特发行搜特转债（128100），总发行规模为8亿元。截至2023年5月搜特转债退市，转债剩余规模为7.84亿元。搜特转债是A股历史上首只因为正股退市而终止上市的转债，搜特转债最后一个交易日报价为18元，也是截至目前A股历史上价格最低的转债。那么，对于持有搜特转债的投资者而言，未来能获得多高的清偿率呢？

因为搜特转债属于首例退市转债，之前无先例，所以我们以之前破产重整中的普通债权清偿率作为参考。《中华人民共和国企业破产法》第四十六条规定，未到期的债权，在破产申请受理时视为到期；附利息的债权自破产申请受理时起停止计息。重整中债权人的清偿方式多样化，实际操作中是多方利益博弈的结果，常见的破产重整清偿方式主要有现金清偿、债转股、留债展期、信托受益权清偿等。同时，普通债权在重整清偿中一般分为大额债权组、小额债权组分类清偿，且部分在大额债权组中还细分为金融债权人和非金融债权人两部分，以不同方式清偿。小额债权组大多数能以现金全额清偿；而大额债权组部分以现金或股票清偿，金融债权人用股票清偿的概率较大。

关于小额债权的现金清偿方案，我们统计了29家破产重整公司的小额刚兑方案（见表14-1）。除了天神娱乐和贵人鸟两家公司没有小额刚兑之外，其他27家公司针对小额债权均给出了不同的刚兑方案，最低10万元，最高120万元。多数公司能给出小额刚兑方案的一个重要原因是对于普通债权而言，公司债权人数量普遍较少，推出小额刚

第十四章 垃圾转债能投资吗

兑并不会占用公司太多的现金资源。而可转债是二级市场公开交易，投资人尤其是散户众多，是否有小额刚兑及小额刚兑金额的多少，取决于公司的现金资源。在正邦科技破产重整草案中，正邦转债的小额刚兑金额为10万元，正邦科技重整中引入了以江西双胞胎集团为首的联合体战略投资43亿元，所以公司重整后有充足的现金资源。而搜于特公司被法院裁定不予受理破产重整，已从A股退市，未来大概率走向破产清算，是否会小额刚兑未知。对于搜特转债的投资者而言，以18元买入是一个高赔率的生意，根据数据统计，以往破产重整案例大额债权的平均清偿率为26.53%。

表14-1 29家破产重整公司小额刚兑方案

公司名称	小额刚兑金额（万元）
天神娱乐	0
贵人鸟	0
海航控股	10
三亚凤凰国际机场	10
力帆科技	10
利源精制	10
泸天化	10
柳州化工	20
超日太阳	20
胜通集团	20
金贵银业	20
中国二重集团	25

续表

公司名称	小额刚兑金额（万元）
川煤集团	30
丹东港	30
天翔环境	30
云维股份	30
舜天船舶	30
东北特钢	50
沈阳机床	50
盐湖股份	50
庞大汽车	50
永泰能源	50
康美药业	50
重庆钢铁	50
抚顺特钢	50
川化股份	100
方正集团	100
紫光集团	120
银亿股份	120

搜特转债到期日是2026年3月12日，公司从A股退市后，搜特转债于2023年8月11日从交易所摘牌。根据全国中小企业股份转让系统有限责任公司发布的《退市公司可转换公司债券管理规定》，公司股票和可转债在摘牌后45个交易日内可进入全国中小企业股份转让系统，依托原证券公司代办股份转让系统设立并代为管理两网公司及退市公司板块挂牌转让。搜于特已聘请华英证券作为公司主办券商和可转债

第十四章 垃圾转债能投资吗

受托管理人，委托其为公司提供股票和可转债挂牌、转让服务。投资者若要通过股份转让系统的退市板块买入退市可转债，需要符合投资者适当性要求（两年股票交易经验和证券账户20日日均资产最低50万元），退市可转债采用协议转让交易方式，投资者通过成交确认委托方式委托托管券商买卖退市可转债。成交确认委托是指投资者买卖双方达成成交协议，委托托管券商按其指定的价格和数量与指定对手方确认成交的指令。成交确认委托指令应当包括证券账户号码、证券代码、买卖方向、委托数量、委托价格、成交约定号、对手方交易单元代码和对手方证券账户号码等内容。在股份转让系统退市板块交易的可转债，基本丧失了流动性，转债买卖需要自己寻找交易对手方，而且转债的买入方需要满足投资者适当性要求。投资者若要将退市转债转为股票，可通过报盘方式申请将退市可转债转换为公司股票。

退市可转债在股份转让系统退市板块交易，有独立的交易代码，以搜特转债为例，成为退市转债后的交易代码是404002。根据募集说明书，搜特转债将于2024年3月11日回售，鉴于公司大概率会破产清算，搜特转债的投资者能否成功回售不得而知。根据公司公告，公司预计2024年付息事项（第四年利息，票面利率为1.5%）存在违约风险，若届时公司无法付息，搜特转债将成为A股历史上首个债务违约的可转债。[1]

从退市角度看，搜于特是因为连续20个交易日股价低于1元而退市，A股交易类退市没有退市整理期，属于"突然死亡"，直接从A股

---

[1] 2024年5月17日，搜特转债正式成为首只实质性违约的可转债。

退到股份转让系统退市板块。而还有另一种退市转债，是先进入退市整理板块交易，再进入股份转让系统退市板块，典型的例子就是蓝盾转债（123015）。

蓝盾转债

蓝盾转债（123015）由蓝盾股份（300297.SZ）于2018年8月发行，发行规模为5.38亿元，公司主营信息安全产品研发销售。蓝盾股份因为2021年年报被会计师事务所出具无法表示意见的审计报告，于2022年4月29日起被实施退市风险警示。一年之后公司状况继续恶化，蓝盾股份2022年年报净利润为负数，净资产为负数，同时年报再次被会计师事务所出具无法表示意见的审计报告。2023年6月30日，公司收到深交所上市审核委员会审核意见，深交所决定终止蓝盾股份和蓝盾转债上市。

蓝盾股份也经历了计划破产重整的挣扎，但是与搜于特一样，最后被法院裁定不予受理重整申请。与蓝盾股份不同的是，搜于特是因为股价连续跌破1元面值退市，交易类退市直接进入股份转让系统退市板块，没有整理期；而蓝盾股份属于财务类退市，要先在A股进入退市整理期，再进入股份转让系统退市板块。根据公告，蓝盾股份和蓝盾转债将于2023年7月10日进入退市整理期，退市整理期为15个交易日，预计最后交易日期为2023年7月28日。可转债进入退市整理期首日不设涨跌幅限制，次日起涨跌幅限制比例为20%。退市整理期

第十四章 垃圾转债能投资吗

间,可转债证券简称后冠以"退"标识。投资者要买入处于退市整理期的转债,需要满足投资者适当性要求(两年股票交易经验和证券账户20日日均资产最低50万元)。蓝盾转债自2019年5月后因为大量转股,剩余规模仅1亿元,此后成为市场著名妖债,历史上曾经被炒到最高525元,在进入退市整理期之前转债价格仍高达153元,转股溢价率高达330%。2023年7月10日转债复牌进入退市整理期,当日转债大跌76%,收盘报价35.39元。因为大幅提高投资者适当性要求,所以蓝盾转债投资者锐减。蓝盾转债此前每日动辄几亿元甚至几十亿元的成交不见了,流动性大幅缩减,进入退市整理期首日仅成交6134万元,此后14个交易日成交量持续缩减至最少每日仅成交100多万元。截至2023年7月28日退市整理期最后一个交易日,蓝盾转债报价26.93元,转股溢价率为-1.65%。

截至2023年7月28日,蓝盾转债剩余规模为0.983亿元,蓝盾转债到期日为2024年8月13日。虽然蓝盾转债将转入股转系统退市板块交易,但是公司在2023年8月正常付息,并未违约。蓝盾股份董事会在2023年7月28日提议下修转股价,可以看出公司仍在努力解决可转债兑付和转股问题。

退市转债交易

搜特转债和蓝盾转债从A股退市后,转入股份转让系统退市板块交易。其中搜特转债在退市板块改名搜特退债,代码为404002;蓝

255

盾转债在退市板块改名为蓝盾退债，代码为404001。投资者要交易退市转债，首先需要在券商开通相应权限。

因为属于协议成交，交易双方需要各自寻找交易对手，两只转债每日成交在2万~20万元不等，基本丧失流动性。根据集思录网友huxj2015的交易记录，交易退市转债的步骤和注意事项如下：

首先在券商交易软件菜单下找到新三板栏目，该栏目下有新三板可转债买入和新三板可转债卖出菜单。交易类型是互报成交确认买入（卖出），没有规定买卖价格，由买卖双方协商确定，买入数量也由双方协商确定。"对方股东"是指对方的股份转让系统股东代码，10位数字（注意不是资金账号），交易前由交易对方告知。"对方席位"可以让交易对方咨询其客户经理（注意一定是股份转让系统的席位号）。"约定序号"就是交易双方一致同意的随便一组数字，目的是准确识别交易对手。因为属于协议成交，交易双方自行寻找交易对手，所以缺乏流动性，两只转债的转股溢价率表现为巨大折价。